COLLECTION POUR LES JEUNES FILLES
COURONNÉE PAR L'ACADÉMIE FRANÇAISE

CHOIX DE MÉMOIRES ET ÉCRITS
DES FEMMES FRANÇAISES
AUX XVIIᵉ, XVIIIᵉ ET XIXᵉ SIÈCLES
AVEC LEURS BIOGRAPHIES PAR
Mᵐᵉ CARETTE, Née BOUVET

MÉMOIRES

SUR LA

REINE HORTENSE

ET

LA FAMILLE IMPÉRIALE

ALBIN MICHEL, ÉDITEUR
PARIS — 22, RUE HUYGHENS, 22, — PARIS

MÉMOIRES
SUR
LA REINE HORTENSE
ET
LA FAMILLE IMPÉRIALE

DU MÊME AUTEUR

COLLECTION POUR LES JEUNES FILLES

Madame Campan	1 vol.
Madame de Staal-Delaunay.	1 vol.
La Duchesse d'Abrantès	1 vol.
Mademoiselle de Montpensier.	1 vol.
Madame la Comtesse de Genlis	1 vol.
Madame Roland	1 vol.
Madame Vigée le Brun.	1 vol.
Madame de Motteville.	1 vol.
Madame de La Fayette.	1 vol.
Madame la Comtesse d'Aulnoy	1 vol.
George Sand. — Histoire de ma Vie	1 vol.
Mademoiselle Cochelet. — Mémoires sur la Reine Hortense	1 vol.
Madame la Baronne d'Oberkirch	1 vol.
Madame la Marquise de Créqui.	1 vol.
Madame de la Rochejaquelein	1 vol.

Souvenirs intimes de la Cour des Tuileries
1re, 2e et 3e séries)

COLLECTION POUR LES JEUNES FILLES
COURONNÉE PAR L'ACADÉMIE FRANÇAISE

CHOIX DE MÉMOIRES ET ÉCRITS
DES FEMMES FRANÇAISES
AUX XVIIᵉ, XVIIIᵉ ET XIXᵉ SIÈCLES
AVEC LEURS BIOGRAPHIES PAR
Mᵐᵉ CARETTE, Née BOUVET

MÉMOIRES

SUR LA

REINE HORTENSE

ET

LA FAMILLE IMPÉRIALE

ALBIN MICHEL, ÉDITEUR
PARIS — 22, RUE HUYGHENS, 22 — PARIS

NOTICE BIOGRAPHIQUE

L'histoire nous offre des figures de second plan auxquelles on n'accorde qu'un intérêt relatif, leur rôle restant effacé au milieu du rayonnement grandiose d'une époque. Toutes de charme et de sentiment, ces personnalités surgissent et se dessinent plus nettement à l'étude des événements contemporains.

Telle fut la reine Hortense, fille du vicomte de Beauharnais et de Joséphine Tascher de la Pagerie; fille adoptive de Napoléon, sœur, épouse et mère de souverains. Sous l'impulsion puissante de la volonté qui dominait tout alors, sa vie semble avoir été fatalement liée à la destinée de ceux qui l'entouraient, sans que sa volonté y eût aucune part.

Née à Paris en 1783, Hortense de Beauharnais se trouva dès la première enfance en butte aux rigueurs de la destinée dans une époque profondément troublée. Sa mère, née à la Martinique en 1763, avait été amenée en France à l'âge de quinze ans pour y rejoindre son fiancé, le vicomte de Beauharnais, comme elle originaire de la Martinique et qui, bien que très jeune, avait été nommé par la colonie député de la noblesse aux États généraux. C'était l'un des hommes les plus brillants de la Cour.

Jeté dans une vie de dissipation et de plaisirs, il ne semble pas que le mariage ait amené aucune modification dans sa conduite. Bientôt, sa fortune étant dissipée, des difficultés de tous genres surgirent entre les deux époux. La jeune femme délaissée, privée de ressources, songea à fuir une existence agitée où l'appui et la tendresse de son mari lui manquaient.

Elle résolut de retourner vers l'île natale, dont elle ne conservait que de riants souvenirs, pour y rejoindre sa mère. Le vicomte de Beauharnais ne mit aucun obstacle à ce projet. Et bientôt Joséphine partait pour la Martinique, accompagnée de ses deux enfants, Eugène et Hortense. Malgré des peines et des déceptions cruelles, elle reprit, au milieu des siens, les habitudes douces et familiales qui faisaient alors tout le charme de la vie des colons.

Mais de graves événements se préparaient en France. La révolution s'annonçait.

Le vicomte de Beauharnais, séduit par les idées nouvelles, s'était jeté avec passion dans la lutte des partis. Il fut nommé commandant en chef de l'armée du Rhin. Il songea alors à rappeler sa famille. Il écrivit à sa femme, la priant de lui ramener ses en-

fants et de reprendre la vie commune. Joséphine n'hésita pas à répondre au vœu de son mari.

La traversée était pénible à bord de ces anciens navires mal aménagés, privés de tout confort, secoués par tous les caprices de la mer et des vents.

Hortense n'était encore qu'une bien petite enfant, mais déjà tout était grâce en elle et elle eut vite fait de conquérir les sympathies de l'équipage. Après un long voyage, on arriva au port non sans péril. Mais d'autres périls plus terribles allaient assaillir cette famille, victime de la Révolution.

Le vicomte de Beauharnais, déclaré suspect et dépossédé de son commandement, est emprisonné et meurt sur l'échafaud en 1793. Joséphine, entièrement dévouée à la cause de son mari, s'était compromise en intercédant pour lui ; elle est emprisonnée à son tour. Elle connaît toutes les misères, toutes les angoisses de cette prison des Carmes où elle partage le sort réservé aux aristocrates dans ces temps de calamité publique.

En hâte, elle a pu confier ses enfants à des mains amies : la princesse de Salm, qui habitait alors le délicieux hôtel devenu le palais de la Légion d'honneur, a recueilli le frère et la sœur.

Hortense a dix ans. Déjà son âme est en proie à la souffrance. Elle adore sa mère. Cette séparation durant laquelle elle la sait exposée aux plus grands périls gonfle son cœur de tristesse.

Eugène, plus âgé de quelques années, la soutient,

la console. Employé comme apprenti chez un menuisier, on a cru prudent de donner cette preuve de civisme, il remplit auprès de sa sœur le rôle de protecteur, qu'il conservera toute sa vie.

Les pauvres enfants ont vu périr leur père et chaque jour, dans une anxiété grandissante, ils attendent un nouveau malheur. Ils savent trop, hélas ! que le comité de salut public est inexorable.

Mais un événement imprévu, la mort de Robespierre, vient ouvrir la porte des prisons.

On raconte que la nouvelle en fut annoncée à la vicomtesse de Beauharnais d'une façon bien singulière. Les prisonniers s'efforçaient de communiquer avec quelques amis fidèles, quelques messagers venus, non sans s'exposer à de graves périls, pour les entrevoir, échanger des signaux.

De pauvres gens affamés venaient aussi, et les prisonniers leur distribuaient leur pain noir. Joséphine, toujours compatissante, favorisait particulièrement une pauvre vieille à laquelle elle réservait chaque jour quelques bribes de son repas. Un jour cette femme attira son attention par des gestes bizarres. Elle prenait sa robe à deux mains, et l'étendant devant elle, ramassait des pierres qu'elle y faisait tomber. Puis, appuyant sa main sur son cou, elle faisait le geste de trancher la tête ; geste hélas trop significatif alors pour n'être pas compris.

— Robespierre est mort ! s'écria tout à coup Joséphine.

La pauvre femme acquiesça. C'était le signal de la délivrance. Quelques jours plus tard, en effet, Joséphine quittait la prison des Carmes, et sans retard rejoignait ses enfants.

Tous les biens avaient été confisqués. Les familles étaient dispersées. Ceux qui avaient échappé à la mort étaient privés de ressources.

Madame de Beauharnais avait rencontré dans la prison des Carmes la belle Thérésa Cabarrus devenue madame Tallien, toute-puissante, grâce à son mariage avec le Dictateur. Elle trouva auprès d'elle quelques secours. C'est alors qu'elle confia l'éducation de sa fille à madame Campan, ancienne femme de chambre de la Reine qui venait d'établir à Saint-Germain un pensionnat de jeunes filles. Tous les couvents avaient été dispersés.

S'inspirant, comme base, du règlement de la célèbre maison de Saint-Cyr, fondée par madame de Maintenon, en faveur des filles de noblesse pauvre, madame Campan eut l'art d'adapter son programme aux besoins d'une société nouvelle. Elle sut donner aux jeunes filles qui lui étaient confiées une instruction brillante en même temps qu'une éducation solide.

Elle avait vécu dans la meilleure société et en conservait toutes les façons, qu'elle s'appliquait à communiquer à ses élèves.

Tout en cultivant leurs grâces et leurs talents, elle s'efforçait de leur inspirer des goûts modestes, en rapport avec la ruine qui, de toutes parts, frappait les familles les plus haut placées naguère. Hortense de Beauharnais était une de ses élèves préférées.

Mademoiselle Cochelet, l'auteur de ces mémoires, était également parmi les pensionnaires.

C'est ainsi qu'elles se connurent et que se forma le lien qui les unissait.

Appelée à une destinée brillante, la Reine Hortense n'oublia point ses premières amitiés. Elle fixa auprès d'elle, en lui donnant le titre de lectrice, mademoiselle Cochelet, son amie la plus chère, tandis que madame Campan, à qui elle conserva toujours une grande reconnaissance, était choisie par l'Empereur pour organiser les maisons d'éducation de la Légion d'honneur. La reine Hortense se déclara la protectrice dévouée des jeunes filles élevées par les ordres de Napoléon. Elle n'oublia jamais que l'instruction et les talents qu'elle avait acquis auprès de son institutrice devaient faire le charme et la consolation de sa vie.

On sait comment Joséphine devint l'épouse de Napoléon. Après les éclatantes victoires du général Bonaparte sur le Rhin et en Italie, la France se relevait. Bonaparte, devenu premier consul, ne songeait plus qu'à réorganiser la vie nationale. Sous sa main puissante l'ordre renaissait.

Un jeune homme, presque un enfant, se présenta à son audience. Il venait réclamer l'épée de son père, mort sur l'échafaud. C'était Eugène de Beauharnais.

Touché de la dignité, de la noblesse avec laquelle cet adolescent sut remplir une douloureuse mission, Bonaparte résolut d'aller lui-même féliciter madame de Beauharnais. Ce fut cette démarche de son fils qui décida de la destinée de Joséphine.

Les grâces de la mère firent une impression profonde sur le jeune général. En un moment le vainqueur du monde était conquis par le charme irrésistible de madame de Beauharnais, et très promptement le mariage se conclut.

Hortense avait treize ans. Elle resta l'élève de madame Campan. Ce ne fut que quelques années plus tard, après la campagne d'Égypte, qu'elle parut à la Cour consulaire. La duchesse d'Abrantès, qui n'était encore que madame Junot, nous a tracé de la jeune fille un portrait qui fixe à jamais cette physionomie séduisante :

« *Hortense de Beauharnais avait dix-sept ans à*
« *l'époque où je la vis pour la première fois. Elle*
« *était fraîche comme une fleur, avec les plus beaux*
« *cheveux blonds du monde, et ce qui fait le charme*
« *d'une femme, une tournure gracieuse ; toute la*
« *nonchalance créole et la vivacité française étaient*
« *réunies dans une taille svelte comme un palmier ;*
« *elle était alors ronde et menue, ce qui est le com-*
« *plément d'une jolie taille. Elle avait de jolis pieds*
« *avec des mains très blanches, des ongles bien bom-*
« *bés et rosés. Ses cheveux accompagnaient à mer-*
« *veille de leurs grosses boucles soyeuses, des yeux*

« bleus d'une douceur infinie et d'une grande puis-
« sance de regard. Son teint était celui d'une blonde,
« mais ses joues reflétaient assez de rose pour qu'elle
« eût la fraîcheur, et cela d'une manière très élé-
« gante. Sans être grande, elle paraissait d'une taille
« élevée, parce qu'elle avait un maintien de femme
« bien apprise qui lui faisait porter la tête haute.
« Mademoiselle de Beauharnais, que je connus alors
« assez particulièrement pour faire aujourd'hui le
« portrait de son moral comme je fais celui de sa
« personne, me parut, aussitôt que je pus l'appré-
« cier, une personne remarquable sous tous les rap-
« ports. Elle était gaie, douce, parfaitement bonne;
« d'un esprit fin, qui réunissait cette gaieté douce
« avec assez de malice pour être fort piquant et rendre
« sa conversation désirable ; possédant des talents qui
« n'avaient nul besoin d'être vantés pour être connus,
« sa charmante manière de dessiner, l'harmonie de
« ses chants improvisés, son talent remarquable pour
« jouer la comédie, une instruction soignée, voilà ce
« qui se trouvait dans Hortense de Beauharnais en
« 1800, à l'époque de mon mariage. Elle était une
« charmante jeune fille. Depuis, elle est devenue
« une des plus aimables princesses de l'Europe. »

On voit que sans avoir la beauté fine et régulière
de Joséphine, la reine Hortense en avait toutes les
grâces.

Comme sa mère, elle fut toute sa vie une char-
meuse.

Cependant la famille Bonaparte n'avait pas accepté sans hostilité le mariage de Napoléon avec madame de Beauharnais, de six ans plus âgée que lui. De plus, l'affection véritablement paternelle et l'adoption par le premier Consul des deux enfants de sa femme avaient éveillé une ombrageuse susceptibilité parmi les siens.

Dans un but d'apaisement, Bonaparte, d'accord avec Joséphine, songea à resserrer les liens de famille par une nouvelle union. Le mariage d'Hortense de Beauharnais avec Louis, le troisième frère de l'empereur, fut résolu. Très jeunes tous deux, leur penchant ne fut même pas consulté.

Louis Bonaparte, ombrageux, maladif, d'un caractère inégal et jaloux, n'était pas le mari qui convenait à une jeune personne très bien douée, aimable, élevée pour la vie mondaine, et dont la sensibilité naturelle méritait d'être ménagée. Par déférence pour la volonté de son beau-père, par amour pour sa mère à qui ce mariage apparaissait comme un gage d'apaisement au milieu des dissentiments de famille, Hortense de Beauharnais accepta l'époux qu'on lui destinait. Aucun ménage ne fut plus troublé dès le début, plus agité, plus désuni. Néanmoins, sur l'ordre de l'empereur, Hortense avait suivi son mari, devenu roi de Hollande en 1806. Elle ne passa que fort peu de temps à La Haye. L'ambition n'avait point de place dans son cœur. En revanche, les difficultés intimes, les mille contrariétés que peuvent engendrer des antipathies de nature et de caractère n'étaient point épargnées à la jeune femme.

Elle adorait la musique et composait avec goût. Certaines de ses romances sont restées célèbres. Dès qu'elle se mettait au piano le roi s'approchait, et d'un doigt profane promené sur les touches, il rompait toute harmonie. Si la reine abandonnait le piano pour prendre ses crayons et dessiner, le roi, critiquant ce qu'elle avait commencé, couvrait la feuille de hachures.

La reine travaillait de son aiguille comme une fée. Elle avait passé de longues heures à broder une nappe d'autel dont elle examinait l'ensemble avec cette sorte de satisfaction que connaissent toutes les femmes lorsqu'elles ont terminé un travail de ce genre. Le roi, qui s'était emparé des petits ciseaux, hachait sous la table toute cette broderie à laquelle la pauvre reine faisait les derniers points.

Ces faits nous ont été rapportés par un témoin, un ami digne de foi. Ils peuvent expliquer bien des choses. La vie commune devient intolérable lorsque de telles tracasseries se renouvellent sans trêve.

Pendant son séjour à La Haye, la reine eut la douleur de perdre l'aîné de ses enfants. Le jeune prince attaqué du croup fut enlevé en quelques heures. Cet enfant était aussi beau que doué de toutes les manières. L'empereur témoignait une grande tendresse à ce jeune neveu.

La reine fut inconsolable et à la suite de ce cruel événement sa santé fut profondément altérée. L'empereur lui accorda alors l'autorisation de venir se fixer à Paris, avec les deux enfants qui lui restaient. La reine trouva auprès de sa mère bien-aimée les consolations qui lui manquaient loin d'elle. Elle vivait entourée de nombreux amis qui formaient autour d'elle une véritable cour. Ce furent les années les plus brillantes de sa vie.

Les bontés de l'empereur pour sa fille d'adoption lui donnaient une grande influence. Elle en disposait pour obliger tous ceux qui s'adressaient à elle, protégeant les arts, animant tout autour d'elle de son charmant esprit, de sa grâce, de ses talents. La Reine Hortense avait au plus haut degré ces manières nobles, cette aisance, ce tact délicat, cette grande habitude de la vie mondaine qui avaient été avant la Révolution un des privilèges des femmes de la grande société française.

Ces avantages devaient lui être d'un grand secours lorsque après le divorce de Joséphine, l'empereur exprima à la reine le désir de la voir elle-même accueillir et guider comme une sœur la nouvelle impératrice, l'archiduchesse Marie-Louise, qui venait remplacer sa mère. Partagée entre son amour pour Joséphine, dont elle recevait toutes les confidences, dont elle mesurait la douleur, et sa déférence pour les ordres de l'empereur, la Reine Hortense sut déployer autant de mesure que de dignité dans les circons-

tances les plus troublantes pour un cœur comme le sien. Dans tous les tableaux historiques qui retracent les cérémonies du mariage de l'empereur avec l'archiduchesse Marie-Louise, on reconnaît aux côtés de la jeune impératrice la douce et touchante figure de la Reine Hortense. Elle savait, en même temps, prodiguer à sa mère ses plus tendres consolations. C'était du reste obéir à ses ordres que de complaire à l'empereur en toute chose.

Jamais rien ne put ébranler dans le cœur de Joséphine sa profonde affection pour Napoléon.

Au moment des revers, lorsque l'empereur dut s'exiler, la Reine Hortense l'entoura de la plus vigilante sollicitude.

Comme la fille la plus dévouée, elle ne songe qu'à lui adoucir les suprêmes moments qu'il passe sur le sol de la France. Elle a cousu ses diamants dans un ruban de taffetas noir, dont elle oblige l'empereur à se faire une ceinture, ne pouvant supporter la pensée que celui qui naguère encore était l'arbitre des rois, restât dénué de ressources.

Ces diamants sont tout ce qu'elle possède ; à peu près tout ce qui lui reste des splendeurs passées. Mais l'âme de Joséphine l'anime et l'inspire. Elle sait vaincre les résistances et trouve des accents qui vont au cœur de l'empereur au milieu de ces heures fatales.

Après nous avoir parlé de la reine Hortense dans tout l'éclat des fêtes de la cour impériale, mademoi-

selle Cochelet nous la dépeint subissant, plus noble et plus touchante encore, les atteintes de l'adversité.

Chassée de son pays, victime d'une méfiance injurieuse, partout, dans la pauvreté, dans l'exil, elle sait faire le bien, élevant ses fils dans le culte de la gloire de leur nom. A Arenemberg, cette étroite retraite où devait s'achever sa vie, toujours aimable, séduisante, elle a le don de retenir les sympathies autour d'elle.

J'ai eu l'honneur, dans ma jeunesse, d'accompagner l'empereur et l'impératrice lors d'une visite de leurs Majestés à Arenemberg. Depuis la mort de sa mère, Napoléon III n'avait pas revu cette demeure où s'était écoulée son enfance et sa studieuse jeunesse. Le culte voué par l'empereur à la mémoire de la Reine Hortense se trahissait dans tous les détails de cette modeste habitation où tout avait été pieusement conservé.

L'empereur ayant franchi le seuil se dirigea vers le premier étage où se trouvait la chambre de la reine. Tout était dans le même état qu'au moment de sa mort.

Une couronne de fleurs fraîches ornait le chevet du lit. L'empereur profondément ému versait des larmes abondantes en voyant ces objets intimes qui lui rappelaient une mère si aimable et si tendre. A Arenemberg aucun luxe ; mille choses cependant attestaient la rare distinction de celle qui y avait vécu. Par ordre de l'empereur on avait placé dans la chapelle une statue de marbre blanc représentant la reine agenouillée. Cette statue, toute pleine de grâce et de recueillement, était le seul objet de luxe de la petite chapelle. Deux vieux serviteurs de la reine veillaient avec soin à ce que tout fût respecté. Je me souviens d'un grand portrait dans le style romantique représentant la Reine Hortense jouant de l'orgue auprès d'un vitrail éclairé par la lune, la tête enfouie dans une immense capote de taffetas mauve. L'empereur nous dit qu'il n'avait pas souvenir d'avoir jamais vu sa mère sans son chapeau.

— Lorsque le matin, vers huit heures, j'entrais chez la reine, et je n'y manquais jamais, je la trouvais dans son lit, occupée à quelque travail d'aiguille, ou lisant, et, même au lit, elle était invariablement coiffée d'une capote semblable à celle-ci.

La maison d'Arenemberg, à laquelle on ne peut même pas donner le nom de château, était toute remplie de souvenirs, d'albums, de portraits, œuvres de la reine elle-même, qui se plaisait à fixer les traits de ses amis, de tous ceux qui venaient la visiter.

Douce et simple, elle eut fait ses délices d'une existence enfermée dans le cercle intime des occupations familiales, se plaisant aux jouissances délicates que procure le culte des arts et de l'esprit. Il semble qu'elle ait subi, plutôt qu'elle n'enviât, les honneurs et les grands biens. Elle a été une fille incomparable, une sœur charmante, une amie tendre et dévouée. Elle fut surtout une mère admirable *prodiguant à ses enfants toutes les ressources de son cœur, de son esprit, les affermissant contre les épreuves de l'adversité, et, d'une âme vaillante, développant en eux le sentiment de la grandeur de leur race et de leur destinée. Après bien des années écoulées, le nom seul de sa mère causait à l'empereur Napoléon III une émotion profonde. Ce souvenir d'un fils qu'elle chérissait est le plus beau, le plus touchant hommage qui puisse être rendu à la mémoire de la Reine Hortense.*

Carette, née Bouvet.

MÉMOIRES

SUR

LA REINE HORTENSE

ET

LA FAMILLE IMPÉRIALE

Il ne me serait jamais venu à l'esprit d'écrire des mémoires, si ma destinée n'eût été liée à celle d'un personnage devenu historique, et que j'ai trop bien connu, pour ne pas désirer le faire connaître aux autres. Je ne dirai que ce que j'ai vu, que ce que j'ai entendu.

Je puis parler de toutes les personnes distinguées de notre temps, puisque je les ai approchées ; je puis raconter les grands événements de notre illustre époque, puisque, placée près de la reine Hortense, sa vie, sa fortune, ses grandeurs et ses malheurs ont fait partie de tous ces grands événements.

Cette époque a été fertile en catastrophes, elle a prêté au mensonge, et il importe que la vérité se présente à son tour, afin que les contemporains et l'avenir puissent juger avec impartialité.

L'année 1813 commençait plus tristement que les autres. Le premier jour de l'an se trouva être un vendredi.

Après les désastres éprouvés par nos armées, chacun disait : « Que sera-t-elle cette année qui « porte « le numéro 13 et commence un vendredi ? A quel « malheur la France, l'Europe sont-elles de nouveau « réservées ? »

Tous les jours des maréchaux, des généraux, des officiers revenaient de l'armée, chacun comptait les pertes affreuses qu'il avait faites ; les femmes qui pleuraient ne se montraient pas, celles au contraire dont le mari ou le frère avait échappé à un si grand malheur jouissaient davantage de les revoir. Le prompt retour de l'empereur avait fini par rassurer tout le monde ; on ne formait plus de vœux que pour la paix.

La reine n'était pas moins intéressée à cette bienheureuse paix ; le vice-roi était resté seul des lieutenants de l'empereur pour rallier l'armée ; l'inquiétude de la reine était extrême pour ce frère qu'elle chérissait si tendrement.

Le jour de l'an, comme à l'ordinaire, la reine alla de bonne heure, avec ses enfants et sa maison d'honneur, souhaiter la bonne année à l'empereur et à l'impératrice Marie-Louise. A neuf heures du matin elle devait être rendue aux Tuileries en grand habit de cour pour voir l'impératrice, puis l'empereur, avant qu'ils reçussent tout le monde ; telle était l'étiquette. Elle assistait ensuite à la messe qu'on disait à midi, puis elle revenait chez elle recevoir toute sa maison, changer de costume, quitter ses diamants, sa robe de cour, pour aller avec ses enfants souhaiter aussi la bonne année à sa mère à la Malmaison. Ces six lieues qu'il fallait faire vite, pour aller et revenir, lui laissaient peu le temps de respirer. Au retour, la reine se faisait recoiffer pour aller au dîner de famille qui avait lieu à six heures chez l'empereur ; aussi s'habillait-elle en cinq minutes. Son valet de chambre coiffeur se désolait de n'avoir pas suffisamment de temps pour déployer ses talents. Pendant le peu d'instants qu'elle donnait à sa coiffure, la reine ne disait que ces mots : « C'est bien « comme cela ; vite, vite, dépêchez-vous. » Ses cheveux, d'un beau blond cendré, étaient d'une longueur extraordinaire, lorsqu'elle était debout ils arrivaient presque jusqu'à terre ; le temps de les peigner, de les natter était long, surtout quand ses enfants venaient assister à sa toilette, et qu'au moment de la coiffure, ils s'amusaient à passer sous les cheveux de leur mère, entre la chaise sur laquelle elle était assise et le coiffeur, qui, à cause de la longueur des cheveux, se tenait de loin à les démêler, formant ainsi un berceau sous lequel les enfants passaient et repassaient en courant l'un après l'autre. Le pauvre coiffeur suait à grosses gouttes et n'osait se plaindre ; mais lorsque la reine, avec une guirlande posée tant bien que mal, était partie, il laissait éclater tout son désespoir. « Je perds ma réputation, « disait-il ; il est impossible de faire quelque chose « de bien, la reine n'en donne pas le temps » ; et puis, du plus grand sérieux du monde il ajoutait : « Qu'est-ce que l'empereur va penser, va dire de « moi ?... que je suis un malotru, que je ne sais pas « coiffer !... » Dans toutes les classes, alors, les regards étaient tournés vers l'empereur. Même dans les plus petites choses, c'était l'opinion de l'empereur qu'on ambitionnait et qu'on redoutait.

Instruite du chagrin de son valet de chambre, la reine riait et lui disait quelquefois : « Charbonier, « puisque vous coiffez toutes les jolies dames de « Paris, vous pouvez conserver votre réputation en « faisant sur leurs têtes tous les charmants essais « que vous voudrez. Moi, je ne tiens qu'à ne pas « être grondée par l'empereur. » Elle partait pour aller dîner à six heures précises, après avoir embrassé ses enfants, qui la reconduisaient toujours jusqu'à sa voiture, en portant ses gants, son châle, ou même la queue de son manteau quand elle était en habit de cour ; et, à neuf heures, elle revenait se coucher, exténuée de cette journée si fatigante pour sa faible santé.

Les premiers jours de l'an n'étaient pas non plus sans fatigues pour moi. Comme la reine me chargeait de faire tous ses petits cadeaux, je devais y penser d'avance : c'était une étude pour envoyer à madame Campan et à une foule d'autres personnes quelque chose qui pût leur plaire. Je devais aussi aller chez madame Fanny de Beauharnais, lui porter de la part de la reine un joli souvenir.

Madame Fanny de Beauharnais gardait, des habitudes du temps de Louis XV, celle de se coucher au jour et de se lever aux lumières. « C'est de la part de « ma *céleste filleule* », disait-elle : c'est ainsi que, dans son langage poétique, madame Stéphanie de Beauharnais appelait toujours la reine, qu'elle avait tenue sur les fonts baptismaux ; et j'étais choyée, embrassée, questionnée ; je ne pouvais plus m'échapper. Ensuite j'allais prendre ma mère et dîner avec elle chez une de ses vieilles amies.

Pour les premiers jours de l'an 1813, j'avais travaillé sans relâche à un petit dessin que je destinais à la reine ; je l'avais placé sur un joli pupitre de bois gris : c'était une vue de sa galerie de Saint-Leu. La reine elle-même y était représentée occupée à regarder ses fleurs. Au moment où je donnais mon dessin à S. M., madame de Boucheporne, qui lui devait la place de son mari, lui donnait aussi un petit livre sur lequel était rappelé l'instant où la reine lui avait remis le brevet de cette place. S. M. est dans son lit, son fils cadet joue près d'elle, l'aîné est debout près de son frère, la reine donne le papier à madame de Boucheporne, qui s'incline pour le prendre : le tout était fort ressemblant.

Un instant après, madame Mollien, qui de dame du palais de la reine était passée dame du palais de l'impératrice Marie-Louise, entra avec un petit portefeuille rouge qu'elle offrit à la reine ; dedans se trouvait un dessin qui représentait la chambre de madame Mollien ; elle y était placée couchée dans son petit lit de fer (après sa chute on crut qu'elle allait mourir). La reine alla la voir malgré les médecins qui craignaient une trop forte émotion ; de ce moment la malade fut déclarée hors de danger : c'est cette scène que madame Mollien a fait représenter : son mari est près de son lit ; le lit est placé au bas du portrait de la reine, fait par Gérard ; la reine elle-même est près du lit, vêtue d'une robe de percale blanche faite en cosaque, entourée d'une broderie d'or ; son chapeau est en paille d'Italie avec des plumes blanches. Elle a fait écrire au bas du dessin cette devise d'une romance :

« Madame approche de mon lit,
« Et loin de moi la mort s'enfuit. »

La reine dit avec émotion à madame Mollien et en l'embrassant : « Vous me rendez bien heureuse de « me faire croire que j'ai pu vous porter bonheur. »

Il était curieux que, sans nous être donné le mot, nous eussions toutes fait des dessins pareils pour la reine : c'était par des soins semblables que nous cherchions à lui montrer nos sentiments.

Le 1ᵉʳ janvier, la reine, en revenant de la Malmaison, m'avait rapporté, de la part de cette excellente impératrice, une chaîne délicieuse en perles avec un médaillon, émeraudes et diamants. L'impératrice n'oubliait personne ; elle était la marraine des enfants de presque tous les hauts fonctionnaires de l'État, et, pour tous ceux qui arrivaient de Paris, il y avait un cadeau prêt, et toujours des choses les plus jolies et souvent de grand prix. Elle donna cette année à sa fille une parure en or et pierres de couleur qui était charmante et qui lui avait coûté 50.000 francs. J'appris, ce même jour, par le duc de Bassano, que mon frère, qui me donnait tant d'inquiétudes, se portait bien.

Journellement on voyait arriver de l'armée des jeunes gens avec des pieds, des mains gelés, des bras ou des jambes emportés, c'était affreux. L'empereur, à son départ de l'armée, en avait laissé le commandement à Murat : en sa qualité de roi il y avait droit ; mais le prince Eugène et lui avaient le même grade militaire, ils étaient l'un et l'autre lieutenants de l'empereur ; ils étaient rivaux de gloire, de courage, de fortune.

Pourquoi n'eurent-ils pas tous les deux la même conduite ?

Un jour la reine reçut une nouvelle qui la désola. Le roi Murat, contrarié d'être resté au milieu de la bagarre de cette retraite, au lieu de la commander, pour la diriger, ne donnait aucun ordre, et tout allait au hasard. A Marienwerder, le prince Eugène, un matin, est réveillé par des cris qu'il entend sous ses fenêtres : il est bien vite sur pied ; il regarde, et voit des cosaques dans sa cour, à peine s'il a une garde suffisante pour se défendre. Il ne perd pas la tête, fait armer tout son monde, appelle ses aides de camp Tascher, Labédoyère, Triaire, Méjean et Giflingue, et tous se rangent en corps de bataille ; il commande, et l'on se bat dans l'escalier, dans la cour, dans la rue ; les cosaques sont vaincus, ils fuient, et le prince fait tranquillement sa retraite. Arrivé, je crois, à Posen, il rejoint Murat ; mais celui-ci se ressouvient qu'il est roi de Naples, et, sans plus de façons, il quitte l'armée et part pour ses États, laissant au prince Eugène tout le soin du commandement et tous les embarras de la retraite.

Le prince, en écrivant à sa sœur, lui disait que jamais besogne n'avait été plus difficile que celle qu'il avait sur les bras, et n'avait été moins faite pour rapporter quelque gloire. Il remit l'ordre partout, mais il s'exposait journellement. La reine me dit un jour :

« Mon frère, de Moscou même, m'écrivait de lui
« envoyer des romances. Connais-tu des poètes qui
« puissent me faire une romance sur un refrain que
« je donnerais ? »

Chacun chercha. Il arriva tant de romances que la reine eut du choix ; elle en mit deux en musique, qu'elle envoya tout de suite à son frère : l'une était d'elle, finissant par ce vers :

« Es trop aimé pour t'exposer toujours.

L'autre finissait par ce refrain :

« Sois vaillant, mais que la prudence
« Me garantisse ton retour. »

Je ne crois pas que les conseils de la reine, en prose, ou en vers, fussent d'un grand poids sur son frère, car il était forcé de s'exposer : c'était tous les jours de petits combats, et même le vice-roi, quand il fut arrivé à Magdebourg, pour faire croire qu'il avait encore de la cavalerie, faisait souvent des sorties avec son état-major : il repoussait les cosaques, puis retournait s'enfermer dans la place, où il parvint à rallier et à réorganiser l'armée. Pendant ce temps, tous les états-majors de la grande armée étaient revenus à Paris, et les fêtes recommencèrent comme moyen de s'étourdir et de faire oublier nos revers.

La reine n'avait pas besoin de moi le soir ; elle avait ses dames. J'allais passer presque toutes mes soirées chez la duchesse de Bassano, qui me montrait la tendresse d'une sœur, d'une amie. Mon frère Adrien, comme auditeur, dépendait du duc. Avec quelle grâce, lorsque j'arrivais, le duc me donnait des nouvelles de mon frère, qui était réuni à l'ambassade de Schwartzenberg !

Je n'ai jamais trouvé que chez le duc de Bassano une grâce si parfaite et une dignité si noble. Sa femme était si belle, si excellente. Naturellement sérieuse, la duchesse aimait à me voir arriver chez elle ; j'égayais son salon, disait-elle. Le matin elle venait me chercher, et nous allions nous promener ensemble. Ses charmants enfants nous accompagnaient souvent, et moi, qui aime tant les enfants, j'allais quelquefois les prendre pour me promener seule avec eux, et je restais aussi à dîner avec toute la famille.

Un matin, je trouvai la reine bien triste ; elle avait appris, la veille au soir, la mort de madame Philippe de Ségur. Cette femme si jeune, si heureuse, venait d'être emportée par une imprudence. Elle avait la rougeole qui sortait très bien. Sa mère venait de se retirer, elle voulut se lever pour prendre un livre et lire, puisqu'elle ne dormait pas. L'éruption rentra, et en peu d'heures elle n'existait plus. Madame de Luçay ayant été, sous le consulat, dame du palais, sa fille, en quelque sorte, s'était trouvée élevée dans la maison du consul.

J'ai toujours vu la reine prendre un intérêt réel aux malheurs des autres. Elle éprouvait une sorte d'embarras à manifester ses sentiments.

C'était lorsqu'on avait réellement besoin d'elle qu'on la retrouvait, et lorsqu'on était malheureux qu'elle se montrait. Dans l'habitude de la vie, elle était toujours douce, accueillante, indulgente au dernier point ; mais on la jugeait indifférente, parce qu'elle ne montrait rien de plus.

L'empereur ordonna que les cercles et les bals recommençassent comme les autres années. La reine, qui avait le cœur si gros et qui ne pouvait pas cacher ses inquiétudes pour son frère, fut aussi obligée de reprendre ses jours de cercle et de bal. Sa santé ne s'en trouvait pas mieux, car elle dépérissait à vue d'œil ; mais à cette époque on n'avait jamais le temps de penser à soi : on en avait tellement pris l'habitude qu'un simple désir de l'empereur était tout : la reine devait faire les honneurs de Paris.

— *L'empereur le veut, l'empereur l'a dit*, cela suffisait pour tout ce qui l'entourait.

La reine, en voyant l'ancienne liste des personnes qu'elle faisait habituellement inviter à ses bals, remarqua avec tristesse le nom de plusieurs jeunes gens qui venaient de perdre la vie sur cette terre glacée de la Russie, si fatale à nos armes.

Le chambellan qui proposait les invitations fit remarquer à la reine que, sur sa liste des personnes invitées, il s'en trouvait trois ou quatre à jambe de bois, à bras de moins, ou encore en écharpe. « Le « bal de Votre Majesté, dit le chambellan, aura « l'air d'un hôpital, du moins l'empereur en fera « peut-être la remarque. »

— « Vous pouvez avoir raison, dit la reine ; mais « je trouve que ce serait une indignité de mettre « de côté ceux qui y étaient reçus avant leurs bles- « sures... Je ne ferai pas cette injure à notre armée, à « tous ces braves. »

Il faut le dire, le chambellan avait raison. La présence de toute cette jeunesse mutilée rappela à chacun les souffrances, les pertes sans nombre que nous venions d'éprouver.

Je passais une partie de mes matinées à dessiner, je copiais à l'aquarelle tous les petits tableaux du temps. La Valentine, le Charles VII, de Richard. Isabey ainsi que M. le comte de Forbin venaient quelquefois me voir et me donner des conseils ; mais celui dont les leçons me profitaient le plus, c'était M. Garneray, qu'Isabey m'avait priée de recommander à la reine, comme étant son élève, et auquel j'avais fait obtenir la place d'ordonnateur des arts dans la maison de Sa Majesté. Comme M. Carbonel l'était pour la musique, Garneray l'était pour la peinture. Ces messieurs avaient cent louis d'appointement, et n'avaient pas grand'chose à faire. L'un devait se charger d'arranger les concerts, mais il n'y en eut presque jamais. La reine préférait faire tous les soirs de la musique, entendre un talent pour en jouir sans cérémonie et le faire venir seul. Garat était appelé plus souvent que tout autre, et alors Carbonel venait l'accompagner. Pour Garneray, il allait au salon voir les tableaux qui avaient plu à la reine, qui le chargeait de les acheter.

Si elle faisait un plan, et, Dieu merci ! elle en faisait sans cesse, Garneray était appelé pour le mettre au net ou bien il dessinait, sous la direction de la reine, le costume d'un quadrille qui devait se danser à la cour.

Quoique toussant un peu et malgré la défense des médecins, la reine continuait à trop chanter. Le matin, elle composait seule ses romances, puis elle les faisait entendre le soir dans son salon, avec permission de les critiquer. M. Alexandre de Laborde était l'auteur des paroles auxquelles elle donnait le plus souvent la préférence pour les mettre en musique. C'est de lui qu'est la romance : « *Partant pour la Syrie,* » qui fut tant chantée, que les orgues de Barbarie la répétaient sans cesse dans les rues, dans les promenades, en tous lieux. Enfin on en était poursuivi à tel point que, quoique l'air de cette romance soit charmant, on finissait par en être fatigué.

La grande facilité que la reine trouvait à composer la musique de ses romances faisait qu'elle n'y mettait aucune prétention. Elle fut sur le point de déchirer sa romance : *Reposez-vous, bon chevalier,* parce que, le soir où elle la fit entendre, plusieurs personnes lui dirent que, puisqu'elle le permettait, elles lui avouaient qu'elles la trouvaient mauvaise. « C'est extraordinaire, dit la reine, je la croyais une « des plus originales que j'eusse faites ; mais je « n'y tiens pas. » Carbonel, heureusement, fut consulté ; il déclara que la musique de cette romance était la meilleure de toutes celles que la reine avait jusque-là composées : par là elle fut sauvée. La reine fit réunir en un livre le recueil de ses œuvres ; elle le distribua au jour de l'an à toutes ses connaissances;

c'est elle qui, la première, a eu l'idée de faire mettre un dessin en regard de chaque romance ; cela devint, dès lors, à la mode, et depuis c'est un usage généralement adopté.

La reine ne dessinait plus. La maladie de consomption dont elle était atteinte semblait faire de grands progrès ; elle était d'une maigreur effrayante. Habituellement seule le matin avec madame de Broc ou moi, elle restait à demi couchée sur sa chaise longue. Nous lui faisions une lecture, pour chercher à la distraire d'une tristesse habituelle, je lui racontais la soirée que j'avais passée la veille chez la duchesse de Bassano.

La reine semblait chercher, dans le repos de la matinée, des forces pour la soirée. Alors, comme une machine qui se monte, elle causait, elle discutait, même avec assez de vivacité, tantôt avec l'un, tantôt avec l'autre. Ses interlocuteurs les plus habituels étaient M. le comte de Ségur, M. Molé, dont le genre d'esprit plaisait beaucoup à la reine. Quand il fut nommé grand-juge et qu'il venait avec sa simarre rouge, il remplissait à lui seul le petit salon où l'on se tenait tous les soirs. Je n'ai jamais pu m'habituer à le voir ainsi affublé.

Une chose qui désolait la reine, c'était de ne pas avoir sa chambre à coucher exposée au midi : elle était si souvent forcée de garder son lit ! « Je verrais « au moins le soleil, me disait-elle, et cela me ré- « créerait ; vous autres, quand vous vous sentez

« tristes, vous sortez, vous pouvez aller faire une
« promenade sur le boulevard ; moi, il me faut at-
« tendre des voitures, des écuyers, des piqueurs,
« puis me fatiguer à rouler sur le pavé pour aller
« chercher le bois de Boulogne avant de pouvoir
« marcher et respirer un instant. »

La reine, qui ne demandait jamais pour elle, avait pourtant dit un jour à l'empereur : « Sire, je suis
« bien mal logée ; est-ce que le grand-duc de Berg
« ne devrait pas avoir un beau palais à Paris ? cela
« ferait aussi travailler vos ouvriers. »

L'empereur avait souri, avait tiré l'oreille de sa fille et lui avait dit : « A la paix, nous ferons tout
« ce que vous voudrez. » Mais, pendant cette attente, le bienheureux soleil, si désiré par l'intéressante malade, n'arrivait pas dans sa chambre.

Un matin, le 14 février 1813, il faisait assez froid ; la reine s'était fait coiffer, comme à l'ordinaire, à la hâte ; on lui avait posé sur la tête une guirlande de fleurs d'hortensia toute en diamants. Cette parure lui avait été donnée par sa mère ainsi que l'habit de cour qu'elle mit ce jour-là ; il était de crêpe rose, tout brodé en plein de grosses fleurs d'hortensia en argent, et toute la robe et la queue étaient garnies d'une guirlande de fleurs artificielles composées de roses et de pensées. Malgré la maigreur, la pâleur de la reine, elle était si blanche, elle avait un teint si beau, si pur, que tout ce rose lui allait à merveille. Pourquoi, dira-t-on, cette grande toilette de si bonne heure ? C'était pour aller avec l'impératrice au Corps législatif dans une voiture à huit glaces, qu'on ne fermait pas d'un côté, et ensuite, pour rester sans châle dans une tribune en face du trône de l'empereur. Il n'y avait rien là dont pût s'accommoder une santé comme celle de la reine ; aussi revint-elle gelée, et avec une petite toux sèche qui nous effrayait ; et pourtant elle n'était pas à la fin de ses peines. Au moment où le carnaval commençait, l'empereur lui envoya dire de faire danser, au grand bal des Tuileries (qui devait avoir lieu le mardi gras), le même quadrille qui avait été exécuté l'année précédente. La voilà donc obligée de faire venir Gardel, de réunir chez elle le matin toutes les personnes qui composaient ce quadrille, et de le faire répéter devant elle ; mais heureusemnt pour sa faible santé, tout se passa avec plus de calme qu'au dernier carnaval, lorsqu'on l'avait dansé pour la première fois. On ne vint plus lui dire : « Madame, que Votre Majesté y réfléchisse, si nous n'avons pas de plumes d'autruche « qui se balancent sur notre tête, notre costume « sera ridicule ! Il nous faut des *solos*, sans cela « nous serons écrasés par l'autre quadrille, etc., etc.

Un matin, eut lieu dans sa chapelle une cérémonie de baptême. La reine fut marraine de plusieurs enfants, entre autres, d'une fille de la duchesse de Bassano, et d'une fille de la duchesse de Frioul. La première fut nommée Claire, et la seconde Hortense. Pour cette circonstance, elle fit de délicieux présents aux mères de ses deux filleules. La duchesse de Bassano reçut une ceinture ciselée en or massif, d'un très beau travail ; le tour de la taille en était large, retenu par une agrafe en pierres de couleur ; les bouts tombaient jusqu'aux pieds. La reine en avait donné le dessin : c'était une innovation, car on portait alors des ceintures petites et étroites, parce que les tailles étaient courtes ; ceci devenait un moyen de les allonger beaucoup. La duchesse de Frioul eut un bracelet très large, tout en diamants, au milieu duquel était un tout petit portrait de la reine, admirable ouvrage fait à la Loupe par Jacques, élève d'Isabey. Le soir, la duchesse de Bassano donna à la reine un bal superbe. J'assistai à la toilette de la reine, et j'aime à me la rappeler comme une des plus jolies qu'elle ait portées.

Elle était coiffée avec un rang de chatons sur le front, et une couronne toute en diamants qui enveloppait ses longs cheveux derrière sa tête. Sa robe était toute simple, en tulle blanc sur du satin blanc ; mais, de distance en distance, des agrafes de diamants en retenaient le corsage. Puis, une ceinture en diamants et un gros bouquet en diamants, duquel sortaient deux rangs de chatons qui allaient, jusqu'au bas de la robe, soutenir, au-dessus du pied, une fleur également en diamants, pareille au bouquet, sans parler du collier et des boucles d'oreilles. Tout cet ensemble, à la fois et si simple et si riche, faisait un effet charmant, surtout dans ce moment où l'on avait les yeux fatigués de ne voir partout que des robes couvertes de broderies d'or et d'argent.

Le dimanche gras j'allai dîner chez la duchesse de Bassano et y passer la soirée. Tout à coup la fantaisie nous prend de nous masquer toutes. Moi, je revêts un costume napolitain, madame Ducrest et madame de Villeneuve se mettent en vieilles ; Anatole de Lawoestine en Arménien, et toutes les autres personnes s'ajustent en différents costumes avec tout ce qu'on put trouver, lorsqu'à dix heures arrive M. de Grandcourt, revêtu du costume de Brunet dans les *Deux Magots* ; il était amené par madame d'Emstatt, et Dieu sait quelle joie il excita parmi nous. Au milieu des éclats de nos rires, une idée folle me passe par la tête ; je la fais adopter à toute la société. On envoie chercher trois fiacres, et nous voici douze personnes masquées, partant de la rue du Bac pour aller faire une visite à l'arsenal. Chez qui ? On ne le devinerait jamais : chez madame de Genlis, dont le petit-fils, Anatole de Lawoestine, m'avait raconté assez de choses pour ne pas me trouver une étrangère auprès d'elle.

Nous arrivons ; les portes nous sont ouvertes ; Anatole connaît les êtres, et nous voilà tous introduits sans obstacles dans une petite cellule de carmélite : c'est ainsi qu'on peut appeler l'endroit où nous trouvâmes madame de Genlis. Un grand christ, un prie-Dieu, ornaient seuls cette chambre ; je crois même que jusqu'au cilice y était. D'abord l'effroi de madame de Genlis, ainsi surprise, est au comble ; mais bientôt elle reconnaît qu'elle n'a pas affaire à des coureurs habituels de mascarades. Je gagne vite sa bienveillance par les compliments que le masque me permet de lui offrir sans embarras ni fadeur. Elle devient aimable et nous reçoit avec tout l'esprit et la grâce dont elle est susceptible. J'entre fort en coquetterie avec elle, et je lui offre une bague que je la prie de garder en mémoire de moi. Elle nous conjure de nous démasquer, je résiste longtemps, mais enfin elle a reconnu son petit-fils, et je trouve curieux de lui procurer la surprise de voir les figures, remarquables par leur beauté, que je conduis avec moi : elle ne les connaît pas, et jamais étonnement ne fut égal au sien, lorsque je commence à ôter le masque de madame d'Emstatt, et qu'elle voit un visage enjoué, spirituel, frais comme une rose, avec des yeux charmants. Elle pense qu'elle ne peut rien voir de plus gracieux, et vite je m'empresse d'ôter le masque de madame Desbassins, qui a été une des plus charmantes jeunes personnes de Paris : ses beaux cheveux blonds, ses beaux yeux bleus son petit nez fin, lui donnaient l'apparence d'une jolie Anglaise. Madame de Genlis s'écrie qu'elle croit aux merveilles à la vue de si délicieux visages. Je ménage toutes ses surprises, et je jouis de ses exclamations, qui vont *crescendo* quand j'enlève le masque de madame Gazani. C'était le type de la beauté italienne : ses grands yeux noirs sont de velours ; son nez, sa bouche, son front, tout cela est l'image d'une perfection dont les peintures du Titien peuvent seules donner l'idée ; et je garde pour la fin le masque de la duchesse de Bassano, qui en tombant laisse voir la beauté parfaite d'une vierge de Raphaël. Madame de Genlis croyait rêver. « Suis-je donc au ciel, disait-elle, pour voir « tous les anges réunis ? » On pense bien qu'après avoir ôté les masques de ces quatre dames, j'évitai de lever le mien et celui des autres. Madame de Genlis sentit bien qu'il ne fallait pas insister pour voir les visages de celles qui ne voulaient pas se montrer. Elle parut flattée de notre visite, et nous pria d'accepter une soirée chez elle.

Le mardi gras, 9 mars, le beau quadrille de la reine, dansé dans la grande salle de bal des Tuileries, fut encore trouvé magnifique. A une heure du matin tout était fini à la cour de l'empereur. Les plaisirs étaient toujours d'un sérieux de glace et mêlés d'étiquette, ce qui en bannissait la franche gaieté ; et pourtant c'était l'ambition de chacun d'y être admis.

Quelques jours après eut lieu notre arrivée à l'arsenal. Les mêmes personnages furent tous invités et n'eurent garde d'y manquer. Madame de Genlis nous reçut dans un petit salon, au milieu d'une société choisie de ses amis. Nous fûmes accueillis avec une grâce inimaginable. Près de la cheminée, assise au milieu de nous, sans avoir l'air d'avoir fait aucuns préparatifs, quelques instants après notre arrivée, madame de Genlis se mit à jouer deux proverbes de sa composition qui étaient délicieux, et qui nous amusèrent beaucoup. Son talent était si remarquable, et elle mettait tant de naturel dans son jeu, qu'on se figurait être soi-même en scène et faire partie de l'intrigue dont on suivait le progrès.

Avant de nous laisser prendre congé d'elle, madame de Genlis me demanda une autre bague en me priant d'y faire graver *d'abord un badinage, ensuite un sentiment*, et quelque temps après elle m'envoya l'anneau en émail noir avec une petite tête de nègre que je lui avais donné. Elle y avait fait graver : *un instant vous suffit*. J'ai encore cette bague, et je la porte toujours en souvenir de ce temps de jeunesse et de gaité.

La reine alla passer quelques jours à Trianon avec l'empereur et l'impératrice. L'empereur fit une chute de cheval qui effraya tout le monde, mais heureusement on en fut quitte pour la peur. J'allai un matin à Trianon voir la reine dans son appartement ; je lui portai la première un sac en velours noir avec fermoir en or, chose toute nouvelle alors. Elle trouva l'invention très jolie et très commode, car, jusquelà, sans poches et sans sac, on portait son mouchoir et son éventail dans sa main. Dès ce moment, on fit des sacs de toutes les façons : l'impératrice Joséphine en eut un en or, ouvragé, doublé de satin blanc, avec des glands en perles fines et émeraudes, et entouré aussi de perles et d'émeraudes.

Je me souviens d'avoir demandé à voir, à Trianon, les grands appartements que je ne connaissais pas, et d'y avoir admiré des coupes et des vases superbes en malachite et d'une fort grande dimension. La reine me dit que c'était le présent que l'empereur de Russie avait fait à l'empereur Napoléon lors de la paix de Tilsitt ; il lui avait donné encore une belle fourrure de martre zibeline, dont l'empereur Napoléon fit cadeau à sa sœur, la princesse Pauline ; puis un beau manchon, également de magnifique martre, qui, ayant appartenu à l'impératrice Joséphine, est devenu maintenant la propriété de la reine Hortense.

Je ne sais pas si c'était la chute de cheval de l'empereur qui avait attristé tout Trianon, mais jamais palais ne me parut si calme et si morne. Je trouvai la reine seule avec sa dame de service occupée à lire ; c'est ainsi qu'elle passait toutes ses matinées dans son appartement, à moins qu'on n'allât à la chasse : alors elle y allait en calèche découverte avec l'impératrice. A six heures, elle se rendait dans l'appartement de l'impératrice, où on attendait quelquefois jusqu'à huit, que l'empereur eût fini son travail et qu'il vînt dîner. Après le dîner on ne faisait rien, on échangeait quelques paroles, et l'empereur fatigué emmenait sa femme avec lui se coucher à neuf heures. La reine revenait chez elle en faire autant. Ah! ces plaisirs de cours tant vantés, ce n'est pas moi, qui les ai vus de si près, qui pourrais les envier! Notre beau temps était, il est vrai, celui des grandes choses ; mais les grandes choses ne sont pas amusantes, et l'ennui habite souvent dans les cours !

Le 30 mars 1813, la reine fut mandée au palais de l'Élysée, en robe de cour. Elle en ignorait la raison. L'impératrice venait d'être nommée régente, elle gouvernerait pendant l'absence de l'empereur.

Cet acte annonçait le prochain départ pour l'armée. En effet, tous les jours c'étaient des adieux, des larmes ; les mères, les femmes se lamentaient. Tous les jeunes gens que je connaissais à peine, et avec lesquels j'avais dansé au carnaval, venaient prendre mes commissions. Ils me priaient de demander à la reine des lettres pour son frère, le prince Eugène. Elle en accorda plusieurs, entre autres une à M. de Brack, dont la mère était citée comme une des femmes les plus spirituelles de notre temps.

Le 13 avril, l'empereur partit pour l'armée. L'impératrice alla s'établir à Saint-Cloud et la reine à Saint-Leu, avec ses enfants. Paris prit l'aspect morne et triste qu'il avait toujours pendant la guerre et quand la cour en était absente.

La reine n'emmenait avec elle, à Saint-Leu, que sa maison d'honneur. Elle avait grand besoin de se reposer tranquillement au milieu de ses fleurs et de ses jardins, qu'elle se plaisait tant à embellir, mais elle était encore dans l'obligation d'aller de temps en temps voir l'impératrice-régente à Saint-Cloud, et l'impératrice Joséphine à la Malmaison : elle revenait toujours de ces courses plus souffrante et plus fatiguée. Pour respirer l'air, sans se donner trop de mouvement, elle se couchait dans un char-à-bancs dont les sièges représentaient deux canapés placés dos à dos ; elle se mettait d'un côté avec un de ses enfants, et nous nous placions de l'autre côté : on allait au pas se promener dans le parc ou dans la forêt de Montmorency, jusqu'au petit château de la Chasse. Là, la reine faisait encore ses plans d'embellissements ; elle avait créé dans le bois une route qui menait jusqu'au château d'Écouen ; mais cette route était longue, et quand la reine s'était laissé entraîner par le désir de visiter ses filles de la Légion d'Honneur, ainsi que madame Campan, elle retournait exténuée, au point de ne pouvoir plus bouger durant quelques jours.

L'impératrice Joséphine vint de la Malmaison passer deux jours à Saint-Leu avec sa fille. Alors, tout s'animait autour de nous, la reine faisait quelque effort pour bien recevoir sa mère, et, après son départ, tout redevenait triste et silencieux. Nos soirées se passaient à dessiner autour de la table ronde et à faire une lecture aussitôt que les enfants avaient été se coucher ; avant, on ne s'occupait que d'eux, ou bien l'on jouait au billard, ou l'on se promenait autour de la maison.

Cette vie si tranquille en apparence était agitée par les inquiétudes que causait l'attente des nouvelles de l'armée. Un page arriva le 6 mai apporter à la reine une lettre de l'impératrice Marie-Louise :

c'était l'annonce d'une grande victoire remportée à Lutzen. L'empereur, le vice-roi se portaient bien. La joie éclata parmi nous. « Ah ! » s'écria la reine, « voilà notre honneur national relevé ! Je ne doute « plus de la paix. »

Le lendemain de cette heureuse nouvelle, la reine alla voir l'impératrice. Elle apprit alors la mort malheureuse du duc d'Istrie, de ce général Bessières sous les ordres duquel le prince Eugène avait fait toutes ses campagnes en Égypte et en Italie. Sa femme était une des personnes que la reine estimait le plus ; elle ne pense plus à sa fatigue ; elle se rend à Croissy, où se trouvait la malheureuse veuve, et court lui porter des consolations.

L'impératrice Marie-Louise invita sa sœur à assister au *Te Deum* qui fut chanté en réjouissance de la victoire ; mais la reine était dans ce moment trop malade, elle ne put s'y rendre. Le duc de Rovigo, qui doit toujours se mêler de tout, arrive à Saint-Leu, et dit à la reine qu'elle a bien mal fait de ne pas assister au *Te Deum* chanté en l'honneur de nos victoires, que l'impératrice est bien isolée — « Mon Dieu, » dit la reine, « de quelle ressource puis-je être pour « l'impératrice ? Je me sens si malade ! je fais tou- « jours plus de choses que mes forces ne me le per- « mettent. Cependant, si vous croyez que l'impéra- « trice puisse se plaire à passer un jour chez moi, « je l'y inviterai, et je tâcherai de le lui rendre « agréable. »

En effet, la reine engagea l'impératrice à venir passer une journée à Saint-Leu. Aussitôt grand commentaire pour savoir comment on l'amusera : moi, je proposai à la reine de faire venir les acteurs du théâtre des Variétés, spectacle où elle n'allait jamais, pas plus que l'impératrice, parce que l'empereur ne l'aurait pas trouvé bon, et je lui conseillai de faire jouer sur son petit théâtre de Saint-Leu, qui était charmant.

Ma proposition fut adoptée. M. Desprez, secrétaire des commandements de la reine, fut chargé d'arranger toute la représentation.

L'impératrice arriva de bonne heure, le 17 mai ; elle était accompagnée de la belle duchesse de Montebello, de la charmante comtesse Edmond de Périgord, d'un chambellan, d'un écuyer, des pages et d'une escorte : tout était disposé pour bien recevoir tout ce monde. Après le déjeuner, la reine mena sa sœur dans les bois de Montmorency. L'impératrice aimait tant à monter à cheval ! La reine y monta aussi ; on alla goûter au château de la Chasse. On revint après faire sa toilette, et le soir Brunet (qui avait un appartement à part, où il dîna avec toute sa troupe) représenta, avec un succès complet, *les Habitants des Landes*, et Potier joua le *Ci-devant Jeune Homme*. Quand l'impératrice fut partie, nous avions arrangé une surprise pour la reine ; mais nous avions eu le malheur de mettre dans notre confidence le prince Napoléon. La reine, en embrassant ses enfants, voulut les envoyer coucher ; le prince pria pour rester ; le plus jeune était tout endormi, il ne savait rien ; mais son frère insistait toujours pour ne point s'en aller. — « Cher enfant, disait la reine, qu'as-tu donc ? pour« quoi ne pas vouloir aller te coucher ? » Le jeune prince ne disait rien : c'est une surprise qui doit faire plaisir à sa mère ; il doit en garder le secret, et rien ne le lui fera dire. Il cède enfin et dit adieu à sa mère, sans montrer son chagrin.

Un instant après, entre dans le salon un homme qui, le balai à la main, sans paraître apercevoir la reine, vient comme un frotteur mettre le salon en ordre. C'est Brunet qu'on reconnaît. Il répète avec son air bête et naturel une scène arrangée exprès, et fait rire tout le monde jusqu'aux larmes ; la reine souriait seulement sans paraître gaie.

Lorsque la scène fut finie, elle nous dit : « Je « m'explique maintenant le désir de Napoléon, de « ne pas aller se coucher, il était du secret. Com« ment ne m'avez-vous pas mise alors dans la con« fidence ! Je n'ai pas joui des folies de Brunet. « J'ai presque mis mon pauvre enfant en pénitence, « et il ne le méritait pas ! »

La reine ne gâtait jamais les princes, elle avait pour eux une tendresse extrême sans être démonstrative.

Un jour ses enfants étaient partis de très bonne heure pour aller voir leur grand'mère à la Malmaison. Ils avaient des relais et devaient passer un bac. A l'heure du dîner ils n'étaient pas encore de

4

retour. La reine devint sérieuse, à table elle ne mangeait pas ; on voyait des larmes dans ses yeux, et pourtant elle s'efforçait de paraître tranquille. Madame de Broc, qui la devinait comme nous, lui reproche sa faiblesse.

Tout à coup on entend des petits pieds courir au-dessus de nos têtes, et la reine s'écrie : « Ils sont donc revenus ! » — On court s'en informer. Il y avait déjà longtemps qu'ils étaient de retour, mais comme on était à table, les gouvernantes n'avaient pas voulu entrer. « Ah ! madame, » dit madame de Broc, « vous n'êtes pas raisonnable, vous vous créez « des chimères pour vous tourmenter ! »

« C'est vrai, » dit la reine avec douceur, « je ne « m'en cache pas ; je ne possède que ce bonheur au « monde, et je crains toujours de me le voir enlever. »

Rassurée sur les événements militaires, la reine n'eut plus qu'à s'occuper de sa santé. Sa poitrine commençait à s'attaquer sérieusement. Elle prit congé de l'impératrice et de sa mère, à laquelle elle laissa ses enfants pendant son absence, ce qui était pour elle un grand chagrin, et partit pour Aix en Savoie, avec madame de Broc, seule dans sa voiture ; dans la seconde étaient M. d'Arjuzon, chevalier d'honneur, M. Lasserre, médecin, mademoiselle Pio et moi. Les femmes suivaient dans la troisième.

Une des premières nouvelles qui nous parvint à Aix fut celle de la victoire de Bautzen. Mais la mort du grand-maréchal affecta beaucoup la reine : C'é-

« tait un homme, disait-elle, si estimable, si sincè-
« rement attaché à l'empereur ! Personne ne pourra
« remplacer Duroc près de lui. Tous nos amis fini-
« ront-ils donc par périr ainsi ? »

Nous occupions la petite maison de M. Chevalet, au-dessus de la ville d'Aix ; l'air y était pur et la vue délicieuse. Les bains que la reine prenait, les eaux qu'elle buvait avaient déjà produit un bien marqué dans sa santé.

Notre vie, comme à Saint-Leu, était toujours la plus simple du monde. Après le bain, la reine se promenait avec nous en calèche ; nous nous arrêtions devant un beau site, et vite chacun de nous prenait un croquis que nous finissions le soir autour de la table ronde, et pendant que M. d'Arjuzon nous faisait une lecture. La reine par intervalle allait chanter ou composer une romance ; elle disait que c'était pour reposer ses yeux, et son médecin la rappelait à la table en la priant de reposer sa poitrine. Ce vieux M. Lasserre était fort attaché à la reine ; il était en admiration devant sa douceur.

Le 10 juin, après le déjeuner, madame de Broc entretint la reine d'une petite terre qu'elle voulait acheter ; la reine lui avait conseillé de placer ainsi une somme qu'elle possédait, et la reine exigeait que son amie acceptât d'elle le surplus nécessaire au paiement. Madame de Broc refusait, la reine insistait. Pendant ces pourparlers, M. d'Arjuzon vint prévenir que la calèche attendait. « Où irons-nous ? »

dit la reine. Je n'ai jamais vu quelqu'un avoir moins de volonté pour les petites choses. Elle nous dit donc : « décidez. » « Ah ! » dit madame de Broc, « M. d'Arjuzon ne connaît pas la jolie cascade de « Grésy, dont nous avons dessiné la vue il y a deux « ans ; allons la lui montrer. » Cette proposition est approuvée, et nous voilà tous en calèche, nous dirigeant vers cette cascade qui est à deux lieues d'Aix.

Nous laissâmes la voiture sur la grand'route et nous nous approchâmes à pied du moulin qui s'alimente des eaux de la cascade. Pour la bien voir, il fallait passer sur une planche que le meunier posa à l'instant sur un petit bras d'eau qui allait d'une vitesse effrayante. La reine passa lestement sur la planche, à peine si elle la touche et elle est déjà de l'autre côté. Madame de Broc la suit, le pied lui manque... Elle est entraînée dans le gouffre et disparaît à mes yeux. J'allais passer ! je m'arrête, je jette un cri affreux. M. d'Arjuzon qui nous suivait à quelques pas accourt, il était trop tard pour empêcher ce funeste accident. La reine était toute seule de l'autre côté de l'eau sur un rocher glissant, la planche avait été aussi emportée ; elle ne pense qu'à son amie, elle ne perd pas la tête, elle arrache son châle de dessus ses épaules, le jette dans le gouffre et en en retenant un bout, se tient sur le bord et appelle à grands cris celle qui ne répond pas, et qu'on ne devait plus revoir ; car cette eau qui coule toujours à grands flots dans l'endroit où elle a disparu, est un obstacle

épouvantable... La reine alors au désespoir repasse, en s'élançant au risque d'être entraînée aussi, ce funeste bras d'eau ; elle est éperdue, elle se joint à nous pour demander du secours. Il arriva de toutes parts à nos cris, mais tous nos efforts furent vains. Je voulais faire emmener la reine, craignant tout pour elle de l'état où je la voyais. « Non, » me dit-elle, « je ne quitte pas d'ici que l'on ait retrouvé son corps, j'y suis décidée. » Et elle restait assise sur un tronc d'arbre, anéantie, sa tête dans ses mains, n'ayant plus ni force ni espoir, en me criant de temps en temps : « Louise, en grâce, qu'on la sauve ! pro-
« mettez tout ce qu'on voudra et qu'on la retrouve ! »
Enfin les paysans détournent les eaux ; après mille efforts inouïs, on parvient à retirer ce corps, qui fut déposé dans mes bras !... Tous mes soins furent inutiles, et j'aidai M. d'Arjuzon à porter dans la voiture de la reine cette intéressante victime. J'eus le courage de la reconduire ainsi moi-même jusqu'à la ville, où je la remis aux soins des sœurs de la charité et des chirurgiens.

Toutes les personnes de la maison de la reine étaient accourues à l'endroit où ce fatal événement venait d'avoir lieu ; on avait même fait courir le bruit que c'était elle qui avait péri, et tous arrivaient au désespoir. Hélas ! elle était plus malheureuse sans doute que si cela eût été vrai. Tous ses gens l'entouraient pendant qu'on plaçait le corps dans la voiture, et elle ne se décida à se laisser emmener dans une chaise à porteurs que lorsqu'on lui eut dit que le corps de son amie était en avant dans sa voiture.

Voici le rapport de ce triste événement, tel qu'il fut alors mis dans les journaux.

« Un événement affreux et irréparable occupe en
« ce moment toute la société, il arrache des larmes
« à toute une famille désolée et aux nombreuses per-
« sonnes qui avaient appris à chérir l'intéressante
« femme dont nous allons raconter la fin cruelle et
« prématurée. Le 10 de ce mois, S. M. la reine Hor-
« tense, qui prend les bains à Aix en Savoie, partit
« de ce lieu sur les trois heures, dans le dessein de
« visiter la cascade de Grésy, située à Moiron ; Sa
« Majesté était accompagnée de M. le comte d'Arju-
« zon, son premier chambellan ; de madame la ba-
« ronne de Broc, sa dame du palais, et de madame
« Cochelet, sa lectrice.

« Pour voir tout l'effet de la cascade, il fallait se
« placer devant elle et passer d'abord sur une plan-
« che d'environ quinze pouces de large sur deux
« pieds de long, et solidement appuyée sur un roc.

« En cet endroit les eaux du torrent se sont creusé,
« dans le roc même, une infinité de bras, qui en se
« rejoignant avec une extrême violence tourbillon-
« nent dans des espèces de gouffres.

« A peine la reine avait-elle franchi le passage,
« que madame la baronne de Broc, qui suivait ap-
« puyée faiblement sur le bras du meunier d'un mou-
« lin voisin de la cascade, tomba dans le torrent. Sa

« chute fut si rapide que l'on ne put en distinguer
« précisément la cause ; seulement mademoiselle Co-
« chelet et le meunier ont remarqué que madame
« la baronne de Broc avait chancelé en posant le pied
« sur la planche : apparemment troublée par l'aspect
« de la rapidité des eaux du torrent, elle aura posé
« le pied à faux sur une partie de roc très inclinée
« et couverte d'un limon humide et glissant qui sem-
« blait à l'œil être du gazon, et présentait une sur-
« face horizontale. A l'instant où elle se sentit en-
« traîner, elle fit un mouvement pour se retourner
« vers le meunier qu'elle ne touchait que de la main,
« et cet effort même, dérangeant son équilibre, déter-
« mina plus violemment sa chute.

« Qu'on juge de l'état de la reine qui, occupée
« tout entière de la chute et du bruit de la cas-
« cade, ne pouvait ni voir ni entendre ce qui se
« passait autour d'elle, lorsque les cris de mademoi-
« selle Cochelet et des autres témoins de l'événe-
« ment vinrent lui révéler un affreux malheur ! Vai-
« nement le meunier, les gens de la suite de S. M.,
« tentèrent ce qui était en leur pouvoir pour sau-
« ver madame de Broc, vainement M. le comte d'Ar-
« juzon fit, au péril de sa vie, des efforts multipliés,
« tout fut infructueux. Enfin, après vingt minutes
« on parvint à retrouver et à ressaisir madame de
« Broc ; mais elle paraissait absolument privée de
« vie. Comment aurait-elle pu survivre au coup vio-
« lent qu'elle a dû recevoir en tombant d'une hau-

« teur de vingt-cinq pieds, sur les rocs, et résister
« à la pression de la colonne d'eau qui l'enfonçait
« dans ce gouffre ?

« Madame de Broc était âgée de vingt-quatre à
« vingt-cinq ans ; élevée avec la reine Hortense, elle
« avait obtenu dès l'enfance une place dans le cœur
« de cette princesse ; la même sensibilité, la même
« pitié pour le malheur, le même goût pour les arts,
« avaient fortifié chaque jour le penchant de deux
« âmes faites l'une pour l'autre. La reine enfin avait
« donné toute son amitié à celle qui avait obtenu
« toute son estime.

« La nature s'était plu à prodiguer ses dons à
« madame de Broc ; elle était belle et jolie, pleine de
« grâce et d'élégance ; une excellente éducation avait
« orné son esprit, à la fois solide et brillant ; elle
« réunissait tous les talents, tous les agréments de
« son sexe ; elle cultivait avec succès le dessin et la
« peinture. Jamais femme n'eut plus de charme dans
« le caractère et ne fut plus susceptible d'un atta-
« chement plus tendre.

« M. de Broc, jeune, beau, brave, officier général,
« après une campagne dans laquelle il avait servi avec
« honneur, mourut en Italie dans l'hiver de 1810 à
« 1811, et laissa d'éternels regrets à sa veuve. Tout le
« monde se rappelle la douleur de cette femme accom-
« plie... Pendant deux ans entiers, rien n'a pu tarir la
« source de ses larmes ou la distraire de sa tristesse.

« Madame de Broc avait conservé après la mort de

« son mari environ 20.000 francs de rentes ; elle pré-
« levait sur ce revenu la modeste somme nécessaire
« à ses besoins : tout le reste était consacré aux in-
« digents.

« On a remarqué que madame de Broc écrivit, le
« matin même de sa fin tragique, à madame la prin-
« cesse de la Moskowa, sa sœur : *Je ne sais pour-
« quoi je suis triste, je me reproche de n'avoir pas
« été t'embrasser à ta campagne avant mon départ.
« Je me consolerai de ce chagrin en te donnant le
« mois d'août tout entier.* Mais il est un hasard bien
« plus remarquable encore dans la destinée de cette
« jeune victime du malheur : elle a été transportée,
« après sa mort, dans le même lieu, dans la même
« maison, dans la même chambre où la première
« nouvelle de la mort de son mari lui avait fait verser
« tant de larmes. »

S'occuper sans cesse de bonnes œuvres fut la seule
distraction qu'accepta la reine. « Adèle était si pieuse,
« si charitable, » disait-elle ; c'est « en l'imitant que
« je veux, que je dois m'occuper d'elle. »

Déjà l'on avait fait partir le corps de madame de
Broc pour être transporté à Saint-Leu et y être déposé
dans une chapelle près de l'église.

La reine donna l'ordre que le peu d'argent qui
restait dans le secrétaire de madame de Broc fût employé à faire habiller une douzaine de jeunes filles
pauvres qui devaient faire leur première commu-
nion, et elle recommanda qu'on eût bien à leur faire

savoir qu'elles devaient prier pour leur bienfaitrice qui était celle qui n'existait plus.

Quant à la reine, elle fonda un hôpital pour la ville d'Aix, et y attacha les sœurs de la charité qui, jusque-là, n'avaient qu'un état précaire. La sœur Saint-Jean fut mise à la tête de cette fondation, et je suis restée bien longtemps en relation avec elle.

Il y avait déjà plus de deux mois que cet épouvantable accident était arrivé, et la reine continuait son genre de vie triste et solitaire. Elle avait chargé M. Finot de faire exécuter un petit monument sur l'endroit même où le malheur était arrivé ; elle voulut qu'il servît en même temps de pont pour protéger les curieux qui voudraient encore aller voir cette cascade, et, pour engager à la prudence, on inscrivit sur le monument ces paroles :

« ICI

« MADAME LA BARONNE DE BROC,

« AGÉE DE 25 ANS, A PÉRI

« LE 10 JUIN 1813.

« O VOUS

« QUI VISITEZ CES LIEUX

« N'AVANCEZ QU'AVEC

« PRUDENCE SUR CES

« ABIMES ;

« SONGEZ A CEUX QUI

« VOUS

« AIMENT. »

Le médecin de la reine était si convaincu que sa poitrine n'était pas attaquée, et qu'elle n'avait qu'une maladie de nerfs, qu'il voulut la mener tout de suite, en quittant les eaux, prendre des bains de mer à Dieppe.

Nous quittâmes donc Aix, en versant de nouveau des larmes sur le malheur irréparable qui nous y avait frappés.

Quelqu'un m'avait beaucoup parlé d'une curieuse collection de portraits qui était enfouie dans un vieux château, où Bussi-Rabutin avait passé le temps de son exil, sous le règne de Louis XIV. Comme nous passions fort près de ce château et que je désirais que la reine pût se distraire, je l'engageai beaucoup, elle qui aimait tant le arts, à venir voir cette collection si vantée. Elle y consentit. Nous nous dirigeâmes donc vers le château de Bussi-Rabutin ; nous entrâmes dans une avenue fort peu soignée. « C'est ici,
« me dit la reine, qu'une de mes arrière-tantes fut
« amenée de force et délivrée par un La Rochefou-
« cauld. Sous Louis XIV, une madame de Miramion,
« qui était Beauharnais par elle, ou par son mari,
« devint veuve à l'âge de quinze ans ; elle était im-
« mensément riche, et il prit fantaisie à Bussi-Rabu-
« tin, qui ne pouvait obtenir sa main, de la faire
« enlever : il y réussit et la fit amener dans ce châ-
« teau qui lui appartenait. Désespérée de se trouver
« bientôt en son pouvoir, elle fit le vœu, si elle était
« assez heureuse pour échapper aux tentatives dont

« elle allait être l'objet, de consacrer sa vie et sa
« fortune à Dieu. Elle était déjà dans cette avenue ;
« elle distinguait les lumières du château, il est fa-
« cile de se faire une idée de ses angoisses, lorsqu'elle
« entendit un bruit de chevaux, d'hommes armés ;
« c'étaient ses libérateurs. Un La Rochefoucauld,
« instruit de cet enlèvement, avait réuni quelques
« gentilshommes des environs, et ils arrivèrent à
« temps pour la sauver des griffes de Bussi-Rabutin.
« Elle fut ramenée à Paris. Elle consacra sa vie à
« Dieu et aux bonnes œuvres. Par son immense for-
« tune elle aida même Louis XIV dans un moment où
« ses finances étaient embarrassées ; ensuite elle
« fonda la Salpêtrière et plusieurs autres établisse-
« ments d'utilité publique, et mourut à moitié sainte,
« abbesse du couvent des Miramiones, qu'elle avait
« fondé. »

Ce récit finissait, que nous arrivions au perron du château. Tout y était abandonné et peut-être dans le même état où l'avait laissé son fameux maître exilé ; car tous les panneaux des boiseries étaient couverts de peintures allégoriques de femmes avec des queues de serpent et mille autres emblèmes plus mordants les uns que les autres ; toujours une devise satirique contre la personne représentée se trouvait pla-cée sous le portrait. Les chambres en étaient cou-vertes, et parmi cette grande collection on distinguait avec plaisir madame de Sévigné et madame de Gri-gnan. Mais ce qui nous parut réellement admirable, ce fut un petit cabinet où il n'y avait que six portraits de femmes en pied de grandeur naturelle, toutes d'une beauté remarquable, avec des costumes délicieux. Les devises piquantes s'y lisaient au bas, et je me souviens d'y avoir vu le nom de la duchesse d'Olonne, de la comtesse de La Ferté. La paille, les pommes de terre encombraient tellement ce délicieux cabinet, qu'il était facile de penser que le nouveau propriétaire ne faisait pas grand cas de ces beautés du temps de Louis XIV, et qu'il tenait beaucoup plus à récolter les produits de sa terre. La reine croyait ces portraits de Lebrun et de Mignard ; elle eut l'envie d'en faire l'acquisition. De retour à Paris, j'écrivis pour demander si elle pouvait les acheter ; on en demandait, je crois 15.000 francs : les événements qui survinrent anéantirent ce projet d'achat.

En passant à Montbard, nous allâmes visiter la maison et le belvédère où travaillait le célèbre Buffon. La vue qui s'étend sur le pays est monotone, la reine dit, en regardant : « Le génie est une étincelle « divine qui n'a sans doute besoin que de la vue « du ciel pour se développer. »

Nous continuâmes notre route jusqu'à Saint-Leu, où l'impératrice se trouva pour recevoir dans ses bras sa fille chérie et lui ramener ses chers enfants.

Madame Campan vint aussi voir la reine, qui ne fit qu'une course à Paris pour aller voir le vieux père de madame de Broc, madame Gamot et la maréchale Ney, ses sœurs. Toutes ces entrevues étaient autant de coups nouveaux qu'il fallait recevoir.

La reine ne s'arrêta que fort peu de jours à Saint-Leu et partit avec ses enfants, car l'idée de s'en séparer lui était trop pénible. L'abbé Bertrand, M. de Marmol, madame de Boucheporn, sous-gouvernante des princes, madame Harel, dame du palais (Hollandaise qui était revenue de Hollande avec la reine), M. Lasserre et moi furent les personnes qui accompagnèrent Sa Majesté.

Nous habitâmes un petit château qu'on avait loué ; il était assez loin de Dieppe, mais fort près de la mer. La reine était obligée de passer tous les jours par la ville pour aller prendre un bain.

M. Stanislas de Girardin, préfet de Rouen, avait fait préparer sur le bord de la mer une petite baraque charmante, où se trouvaient un salon et une chambre, le tout décoré à ravir.

C'était là que la reine se déshabillait et revêtait son costume de bain, qui n'était rien moins qu'élégant : il se composait d'une grande blouse en laine couleur chocolat, fermant au cou, et d'un serre-tête en taffetas ciré qui renfermait ses longs cheveux blonds. Ainsi empaquetée, on l'aurait prise pour un malade de l'hôpital qu'on allait jeter à l'eau plutôt que de reconnaître en elle cette élégante reine, habituellement enveloppée de batiste, de dentelles, ou couverte d'étoffes précieuses, de diamants et de fleurs.

Une garde empêchait la foule d'approcher de la

tente, car toute la ville était sur le rivage et placée en amphithéâtre pour regarder comme une merveille ce bain royal. Des lunettes étaient braquées de tous côtés, chaque fois que deux matelots, habillés en laine et ayant des gants de fil blanc, portaient la reine au-dessus des vagues et lui faisaient faire le plongeon ; des cris universels éclataient alors parmi les nombreux spectateurs, et la pauvre reine, après cette cérémonie, était rapportée comme en triomphe, mais plus morte que vive, dans le salon de la tente, où il fallait assez de temps pour la remettre d'une si rude secousse. Je crois que si elle eût continué l'usage de ces bains pris de cette manière, ils l'eussent tuée : c'était ainsi, disait-on, que les Anglais avaient arrangé chez eux leurs bains de mer, et l'on prétendait que c'était comme cela qu'il était indispensable de les prendre pour qu'ils eussent toute leur efficacité.

Des bains si violents agissaient plutôt en mal qu'en bien sur une personne dont les nerfs n'étaient qu'irrités ; après trois bains, au grand désappointement de tous les oisifs et de nombreux curieux de la ville, pour qui ces bains en pleine mer étaient un véritable spectacle, M. Lasserre les fit cesser, la reine en prit dès lors dans une baignoire avec de l'eau de mer chauffée.

La seule excursion que nous fîmes dans les environs de Dieppe fut pour aller visiter le château et la vallée d'Arques. La reine aimait tout ce qui était historique et tout ce qui rappelait un souvenir glorieux pour la France. C'était elle et l'impératrice Joséphine qui avaient encouragé ces tableaux de genre qui tous représentaient des sujets français ; elles en avaient des collections qui auraient pu servir à faire un cours d'histoire de France.

Nous étions au mois de septembre ; le temps devenait froid ; n'éprouvant plus aucun bien des bains qu'elle prenait, la reine désira quitter Dieppe.

Notre départ fut fixé pour onze heures du soir, afin de ne pas nous arrêter en route, et d'arriver dans la journée à Saint-Leu.

La reine monta dans son coupé, seule avec ses deux enfants, qu'elle prit tout endormis sur ses genoux ; et madame de Boucheporn, madame Harel et moi nous voyageâmes avec l'abbé.

De retour à Saint-Leu, une seule préoccupation domina toutes les autres, ce fut celle d'attendre et de recevoir des nouvelles des armées. La reine et l'impératrice Joséphine s'envoyaient réciproquement toutes les lettres et les proclamations qu'elles recevaient du prince Eugène. L'impératrice, mieux portante que sa fille (car jamais on ne l'avait vue plus fraîche et plus belle), venait à Saint-Leu les lui apporter elle-même.

La reine quitta Saint-Leu avec regret pour revenir à Paris, où pourtant elle devait occuper sa nouvelle chambre, que, pendant son absence, on avait placée de manière à y avoir le soleil. La tenture de cette chambre était en cachemire blanc avec des belles franges en or. Les rideaux du lit et des fenêtres étaient en mousseline des Indes brodée en or. Sa belle toilette en vermeil était posée sur un tapis de velours bleu de ciel aussi brodé d'or.

En entrant chez elle la reine dit (et je me le suis souvent rappelé depuis) : « Pourvu que les co-« saques ne viennent pas me forcer à abandonner « cette jolie chambre ? » — Et chacun de nous de rire de sa pensée comme de la chose du monde la moins probable, et comme l'idée la plus baroque qu'on pût avoir.

Les inquiétudes de tout genre nous arrivaient ; les batailles de Leipzig, de Hanau, avaient jeté un grand découragement en France.

L'empereur arriva à Saint-Cloud le 9 novembre ; son retour changeait en espérances tous les sujets de crainte.

La reine alla avec l'impératrice Marie-Louise assister, le 15, à la séance d'ouverture du corps législatif, dans laquelle l'empereur, par son discours, affirma qu'il désirait la paix. Alors chacun disait : « Pourquoi donc ne la fait-il pas ? ne peut-il pas tout « ce qu'il veut ? »

Ce fut vers la fin de cette année 1813 que le prince Eugène remporta une belle victoire à l'affaire de Caldiero, où il fut légèrement blessé. Quel sujet de craintes pour l'impératrice Joséphine et pour la reine !

L'empereur, ne pouvant croire à l'abandon du

roi de Naples, avait écrit au vice-roi de le recevoir, avec son armée, comme ami. D'après cela, à Ancône tous les arsenaux lui avaient été ouverts, et c'était pour se déclarer contre nous !... Quelle conduite différente avait tenue le prince Eugène, et combien sa sœur en était heureuse et fière ! « Qu'importe « ce qui arrive, disait la reine, remplir dignement « son devoir, comme mon frère le fait, cela rend « plus heureux que des couronnes ! »

Dans les premiers jours de janvier, nous apprîmes que les étrangers avaient envahi le sol français. Pour la première fois on tremblait sur le sort de nos armes toujours victorieuses !

Le 24 janvier 1814, l'empereur quitta Paris pour rejoindre ses troupes, qui déjà n'avaient plus à défendre nos frontières, occupées de tous côtés par les ennemis.

La veille du départ de l'empereur, la reine avait été dîner aux Tuileries pour lui dire adieu ; elle avait passé la soirée avec l'empereur et l'impératrice, et elle était rentrée assez tard, encore tout émue du chagrin que l'impératrice témoignait à son mari ; elle avait tellement pleuré de cette séparation, que la reine était restée le plus longtemps possible près d'elle pour tâcher de la calmer. L'impératrice, ajoutait la reine, « pleure comme ma mère pleurait « lorsqu'il la quittait, et je crois que c'est sincère- « ment qu'elle se montre si affligée. »

On pense bien que tout ce qui tenait à la famille

impériale était dans les plus grandes angoisses de voir ainsi le théâtre de la guerre se rapprocher autant du centre de la France.

Chaque jour les nouvelles les plus alarmantes circulaient dans Paris, l'on allait jusqu'à dire que le grand-duc Constantin avait promis à ses troupes de se chauffer aux cendres de Paris, et que l'empereur son frère avait juré de coucher aux Tuileries. La terreur était à son comble, on ne songeait plus qu'à placer ses objets les plus précieux en lieux sûrs.

Une personne de ma connaissance avait fait murer la porte d'un petit cabinet qui se trouvait à l'écart ; plusieurs pendules furent jointes aux objets précieux dont il était encombré, malheureusement on avait oublié de les arrêter, et pendant huit jours encore, en sonnant toutes à la fois, elles avertirent tous les voisins des précautions qu'on aurait désiré leur cacher.

Le 9 février, déjà Mâcon était pris ; les Parisiens prétendaient que Mâcon n'avait pu tenir, étant attaqué par des pièces de vingt-quatre, et n'ayant à opposer que des pièces de vingt (vins).

Puis on ajoutait : Les souverains feront leur entrée par la barrière *du Trône*, l'empereur sortira par celle d'*Enfer*, l'impératrice, par celle *des Vertus*, les sénateurs, par celle *des Bons-Hommes*, les conseillers d'État, par *Bicêtre*, le corps législatif et la garde nationale, par *Pantin*.

La reine, qui restait d'ordinaire chez elle le soir,

y recevait quelques personnes. On aurait pu lui trouver de la ressemblance avec la reine Mathilde travaillant au milieu de ses femmes : mais ce n'était pas à faire de la tapisserie, c'était à faire de la charpie que nous passions une grande partie de nos journées et de nos soirées. Déjà des blessés étaient envoyés jusqu'à Paris, tant le théâtre de la guerre s'était rapproché de la capitale.

Nous étions tous plongés dans la plus profonde tristesse, lorsque le 11 février, l'annonce d'une victoire vint remplir Paris de la joie la plus vive : rien ne saurait peindre l'allégresse qui remplaça les inquiétudes des jours précédents, les rues remplies d'une foule joyeuse qui se croisait, se heurtait, s'embrassait. Le temps était admirablement beau ; le roi Joseph ordonna une réunion de la garde nationale et de la garnison, et les passa en revue sur les boulevards, au bruit des acclamations du plus sincère enthousiasme et des cris mille fois répétés de : vive l'empereur !

Le temps continuait à se soutenir le plus beau du monde, et semblait être en harmonie avec l'allégresse publique. Quelques jours après, le 15 février, nous vîmes défiler, sur ces mêmes boulevards, un nombre considérable de prisonniers russes et prussiens de la garde des souverains de Russie et de Prusse.

Je n'ai point encore parlé du comte Tascher, ce bon, cet excellent ami que j'aimais beaucoup ainsi que sa femme. Il était cousin germain de l'impératrice Joséphine. Arrivé à quatorze ans de la Martinique, il fut placé à l'École militaire de Fontainebleau. « *C'est pour lui apprendre son métier que je* « *mets ton cousin dans l'infanterie,* » disait l'empereur à l'impératrice ; « *c'est l'âme de la guerre.* »

Le jeune Tascher alla rejoindre son régiment à Freysing en Bavière. Il fit la campagne de 1806. Ce régiment, qui avait perdu son drapeau à Austerlitz, et qui depuis n'en avait pas, s'étant bien conduit à différentes affaires, en reçut un des mains de l'empereur à Berlin. Tascher, toujours à pied, supportant malgré sa jeunesse toutes les fatigues de la guerre, n'était pas dans la position de rencontrer souvent l'empereur. Cependant, au commencement de la campagne il fut appelé par l'empereur, qui passait son régiment en revue la veille d'une affaire. — « As-tu peur ? » lui dit l'empereur. — « Non sire, » répondit le jeune homme. — « Crois-tu que tu seras tué ? » — « Non, sire. » — « Et si tu le croyais, que ferais-tu ? » — « J'irais toujours, mais avec moins « de cœur. » — « Eh bien, va, il ne t'arrivera rien. »

A la bataille d'Eylau, le 4ᵉ de ligne fut presque entièrement détruit. Quand l'empereur en passa la revue le lendemain il sembla chercher des yeux le jeune Tascher. On lui apprit qu'il était légèrement blessé. Il l'envoya chercher et le nomma sous-officier d'ordonnance. Il dit à ce jeune homme : « Tu as « fait ton devoir, je suis content, ton mauvais temps

« est passé. Que te faut-il maintenant ? as-tu des
« chemises ? » — « Non, sire, je n'ai que celle que
« je porte depuis dix jours. » — Je ne puis pas t'en
« donner, » dit l'empereur, « car je n'en ai pas non
« plus ; mais tu vas aller à Varsovie, où tu auras de
« l'argent pour en acheter. »

Il lui donna un bon signé de son nom sans fixer
de somme, et le jeune homme ne prit que cinquante napoléons. Il fit toutes les campagnes d'Espagne et de Russie comme aide de camp du prince
Eugène, auquel il est resté attaché jusqu'à sa mort.

Le comte Tascher fut marié par l'empereur à une
princesse de la Leyen, nièce du prince Primat.

La reine ne passait jamais deux jours sans aller
voir sa mère à la Malmaison ; et lorsque sa santé
ou ses obligations la retenaient à Paris, c'était moi
qu'elle chargeait de lui porter de ses nouvelles. Elle
m'envoya lui porter une tasse qu'une de ses amies
lui avait donnée. L'impératrice avait entendu parler
de cette tasse et la désirait. Le dessin rappelait un
trait du cadet de ses petits-fils pour lequel elle avait
la prédilection la plus passionnée.

Cet enfant était fort délicat et n'avait que quatre
ans, lorsque, pour la première fois, il vit un ramoneur ; sa peur fut grande ; il s'en fut se cacher dans
les bras de madame de Boubers. Sa gouvernante dissipa pour toujours la peur du *petit homme noir*, en
intéressant le cœur du prince au sort de ces pauvres
enfants qui errent seuls loin de leurs parents, n'ob-

tenant le pain dur dont ils se nourrissent que par leur industrie, le nettoyage des cheminées, qui les couvre de cette couleur noire si effrayante.

A quelques mois de là, un matin que les enfants dormaient encore profondément, la nourrice était passée un moment dans une pièce voisine, en attendant leur réveil. Un petit ramoneur descend de leur cheminée enveloppé d'un nuage noir, dont il remplissait la chambre en se secouant. Le petit Louis seul s'était éveillé, et, chassant bientôt un premier mouvement d'effroi par le souvenir des détails donnés par sa gouvernante, il grimpe avec peine par-dessus la balustrade qui fermait son berceau, qu'il n'avait jamais franchi seul ; il court en chemise vers un tiroir qui contenait son petit trésor, monte sur une chaise pour y atteindre et donne au petit ramoneur la bourse qui renfermait tout l'argent qu'on lui donnait, et qu'il distribuait ordinairement pendant ses promenades. Son frère aîné, réveillé par le bruit qu'il avait fait, appela la nourrice, qui le trouva ne pouvant plus remonter dans la couchette d'où il s'était échappé, et un peu embarrassé d'avouer qu'il avait *tout* donné à la fois, tandis que le plaisir de faire du bien était toujours accordé comme une récompense qu'il venait lui-même de se donner sans l'avoir méritée.

Le projet d'aller à la Malmaison ne changea rien à mon projet antérieur de faire une visite au roi de Rome. L'impératrice Joséphine était fort avide de tous les détails venant des Tuileries, et j'étais sûre de lui faire plaisir en lui parlant de cet enfant. Madame de Montesquiou était fort aimable pour moi, et je pouvais arriver à toute heure. Je partis à midi pour me rendre aux Tuileries, et de là à la Malmaison. Lorsque j'arrivai, le jeune roi était debout derrière une chaise ; un coup d'œil de madame de Montesquiou m'avertit que c'était une pénitence ; je le compris et ne fus à lui qu'après avoir causé quelques instants avec elle ; lorsque je m'approchai, il cacha sur la chaise son visage pourpre et sillonné de larmes, que ses belles boucles blondes recouvraient entièrement au moindre mouvement qu'il faisait. « Sire, dites donc bonjour à mademoiselle Cochelet, qui vient vous voir », lui dit madame de Montesquiou. « Votre Majesté ne me reconnaît donc pas ? » ajoutai-je en essayant de prendre sa main. Il la retira vivement en disant d'une voix étouffée par les sanglots : « Elle ne veut pas me laisser voir les soldats de papa ; » et des torrents de larmes recommencèrent. Madame de Montesquiou me conta alors que le plus grand plaisir du prince était de voir relever la garde montante sur la place du Carrousel, qu'ayant été mutin peu de moments auparavant, on l'en avait empêché pour le punir ; mais que lorsqu'il avait entendu les tambours, son désespoir et sa colère étaient devenus si grands qu'il avait fallu user des grands moyens, la pénitence dans un petit coin, derrière une grande chaise. Je demandai grâce pour lui ; madame de Montesquiou l'accorda en faveur des petits cousins, si bien élevés, dont j'apportais des nouvelles, et qu'on lui citait toujours pour exemple. Au moment où je le quittais, il voulut savoir ce que j'emportais dans un grand papier ; je le lui montrai : l'histoire du ramoneur et du petit cousin Louis acheva de faire diversion à son chagrin.

Je trouvai l'impératrice ravie des bonnes nouvelles que sa fille lui avait communiquées la veille, mais inquiète pourtant de la position difficile où se trouvait le vice-roi. Je lui contai tous les détails que j'étais chargée de lui donner, et je la laissai confiante dans l'espérance que cette victoire faciliterait les négociations commencées pour la paix.

Cependant les jours s'écoulaient ; des troupes alliées marchaient sur Paris.

Le 28 mars 1814, j'étais allée le matin aux bains de Tivoli ; une femme que je connaissais m'apprit que l'armée ennemie n'était plus qu'à cinq lieues de nous. Cette nouvelle, qui déjà circulait dans Paris, y répandait la terreur et le trouble ; on voyait de tous côtés des apprêts de départ ; des charrettes chargées d'effets encombraient les rues ; les plus pauvres fuyaient emportant sur leurs épaules tout ce dont ils avaient pu se charger.

Je ne pouvais croire à cette nouvelle, confiante comme je l'étais dans le génie de l'homme qui présidait aux destinées de mon pays.

Je me rendis près d'elle et lui appris les bruits

qui circulaient. « Est-ce possible, » dit-elle, « que « l'armée ennemie soit plus près de nous que la « nôtre ? Sans doute ce sont des manœuvres de l'em- « pereur que nous ne pouvons connaître, il n'est pas « homme à se laisser surprendre ; il viendra, au « moment où on l'attendra le moins, sauver sa ca- « pitale. »

Elle se leva avec le calme que je lui ai toujours vu dans les grandes occasions. Elle se rendit aux Tuileries dans la matinée. A son retour je m'empressai de venir lui demander des nouvelles. « L'impéra- « trice n'en sait pas plus que moi, » me dit-elle. « Ce soir, il doit y avoir un conseil qui décidera de « ce que chacun doit faire. J'ai conjuré l'impéra- « trice, » ajouta-t-elle, « de ne pas quitter Paris ; « je crois l'avoir convaincue ; mais elle est bien jeune « pour oser prendre une détermination, et si l'on « manque d'énergie, tout est perdu. Dans tous les « cas, ma chère Louise, prépare toutes mes affaires, « emballe mes diamants, que je sois libre de partir « à l'instant, ou de rester, si cela me convient. »

J'allai donner des ordres en conséquence ; j'emballai moi-même les diamants, et j'attendis le soir avec impatience.

La reine, après son dîner, se rendit aux Tuileries : le temps qu'elle y resta me parut d'une longueur énorme. M. de Lavalette vint attendre la reine chez moi, pour savoir aussi la décision. Son inquiétude était égale à la mienne.

A onze heures, nous montâmes chez la reine, nous y trouvâmes la maréchale Ney, qui l'attendait aussi, et nous restâmes jusqu'à une heure du matin. Alors les portes s'ouvrirent à deux battants. La reine entra avec une expression que je ne lui avais jamais vue, je sentis que tout était fini.

« Je suis outrée de la faiblesse dont je viens d'être
« témoin, » nous dit-elle : « le croirez-vous ? on
« part ! c'est ainsi qu'on perd à plaisir et la France
« et l'empereur ! Ah ! dans les grandes circons-
« tances les femmes seules ont du courage ! je le
« sens, je suis sans doute celle qui souffrirait le
« moins de la perte de toutes ces grandeurs, mais
« je suis indignée de voir si peu d'énergie quand il
« en faudrait tant. »

La reine entra dans quelques détails, nous dit que le conseil avait décidé que Paris ne pouvait pas se défendre, et qu'alors on ne voulait pas que l'impératrice et le roi de Rome pussent être exposés à tomber au pouvoir de l'ennemi. La reine nous répéta ce qu'elle avait dit à l'impératrice : « Ma sœur, au
« moins, vous savez qu'en quittant Paris, vous neu-
« tralisez la défense et qu'ainsi vous perdez votre
« couronne ; je vois que vous en faites le sacrifice
« avec beaucoup de résignation. » L'impératrice lui avait répondu : « Vous avez raison, ce n'est pas ma
« faute, mais le conseil l'a décidé ainsi. »

M. de Lavalette demanda à la reine ce qu'elle comptait faire. « Je reste à Paris : je partagerai, avec

« les Parisiens toutes les chances, bonnes ou mau-
« vaises. » La reine écrivit à l'instant à sa mère pour
l'engager à se rendre à Navarre. Elle envoya sa lettre
par un piqueur. Sans sa fille, la pauvre impératrice,
abandonnée, négligée à la Malmaison, aurait pu
voir arriver les cosaques chez elle sans se douter des
événements.

Tous ces soins firent que la reine se coucha fort
tard. J'étais inquiète pour elle dont la santé était si
délicate.

J'étais à peine rentrée chez moi, lorsqu'on vint
frapper avec force à ma porte. « Voici une lettre
« pressée pour la reine, » me dit un valet de pied ;
« elle est de son mari. » J'étais désolée de la faire
réveiller, elle qui avait tant besoin de repos ; d'ailleurs je savais que c'était le plus grand mal qu'on
pût lui faire que d'interrompre son sommeil.

Après avoir bien balancé, je me décidai pourtant
à entrer chez la reine et à lui remettre la lettre de
son mari, qui logeait alors chez Madame-mère, à
Paris.

Il écrivait à sa femme ce qui venait d'être décidé par le conseil, et lui annonçait le départ de
l'impératrice.

La reine lui répondit qu'elle le savait ; et me congédia pour tâcher de se rendormir. Une heure après,
un autre messager arriva de la part du roi : il fallut
encore aller réveiller la reine. Cette fois-ci il lui
demandait quelles étaient ses intentions ; il lui disait

que, l'impératrice partant, elle ne pouvait rester à Paris avec ses enfants ; et que, quoiqu'il blâmât ce départ, on ne devait pas moins s'y soumettre. La réponse de la reine terminée, je me retirai ; mais enfin une troisième fois on arriva encore, et le roi écrivait que décidément il voulait que sa femme suivît l'impératrice.

Je ne me couchai pas ; je l'aurais pu, que le profond chagrin qui déchirait mon cœur ne m'aurait pas permis de chercher le repos ; j'étais dans un désespoir que je ne saurais peindre. Cette nuit se passa en allées et venues, et la pauvre reine, le lendemain, en se levant, était beaucoup plus soutenue par son courage que par sa force physique.

La matinée du 29 se passa pour nous dans un tourbillon ; toutes les femmes de la reine me demandaient des ordres, versaient des pleurs, se lamentaient. C'étaient toutes les dames du palais de l'impératrice dont les maris étaient près de l'empereur qui venaient chez moi tout exaspérées du départ. Le roi avait envoyé chercher ses enfants et l'on attendait ce qu'il allait décider.

Paris était dans un mouvement incroyable : toute peur des Cosaques avait disparu.

Le comte Regnault de Saint-Jean-d'Angely, qui était colonel de la garde nationale, demanda à parler à la reine et lui exprima le découragement inspiré par le départ de l'impératrice et du roi de Rome. La reine lui dit : « Malheureusement je ne puis les

« remplacer ; mais si la garde nationale veut défendre
« la capitale, dites-lui que je m'engage à y rester
« avec mes enfants. »

La reine, après cet engagement pris, ne pensa plus
qu'à rester à Paris.

Les princes revinrent de chez leur père. La gouvernante avait dit au roi Louis que tous les apprêts
se faisaient pour partir ; et en effet, au premier signal on pouvait se mettre en route.

Le roi, trop souffrant pour combattre, avait été
désigné pour accompagner l'impératrice Marie-
Louise.

Ma pauvre mère, qui venait d'apprendre que nous
restions à Paris, accourut chez la reine lui apporter les nouvelles qu'on venait de lui donner. Les
cosaques se montraient partout.

On les apercevait déjà dans la plaine des Vertus,
et notre armée avait été obligée de se replier sur
Paris. Elle nous suppliait de partir. La reine lui dit
avec le plus grand calme : « Mais je m'attendais
« bien à voir l'ennemi entourer Paris ; l'essentiel est
« d'empêcher qu'il y entre. »

La résolution qu'elle avait prise de rester à Paris
pour encourager la défense, inspirait pour elle le
plus vif enthousiasme. « Quel dommage que l'im-
« pératrice Marie-Louise n'ait pas su déployer le
« même caractère. » Chacun parla avec éloge de la
fermeté que la reine venait de montrer.

Il est sûr que lorsque son jugement lui indiquait

un devoir à remplir, elle était capable de tout ; la crise passée, elle savait mieux que personne se résigner aux événements, et rentrer dans la vie tranquille et occupée qui convenait à ses goûts.

La nuit approchait ; le comte Regnault demanda à être introduit : j'étais présente. « Madame, dit-il à la reine, je viens vous rendre votre parole ; la garde nationale a beau être bien disposée, il est impossible de défendre Paris. Vous ne devez pas vous exposer vous et vos enfants, à être pris, Paris ne peut plus tenir. » — « Mais », dit la reine, « est-il croyable, qu'on ne puisse arrêter quelques jours l'armée ennemie ? » — « J'ai tout lieu de penser, dit le comte Regnault, que demain nous serons en son pouvoir. Croyez-moi, partez à l'instant, et Dieu veuille que vous puissiez passer librement ! »

La reine balançait encore ; elle se promenait dans sa chambre, et disait : « Une armée prendre si faci-
« lement une capitale, est-ce possible ? et avoir l'em-
« pereur tout près d'ici et nous sommes des Fran-
« çais ! »

Les dames et les officiers qui l'entouraient n'osaient lui donner un conseil, et pourtant le temps pressait, lorsqu'un message du roi vint lever toute incertitude. Il allait se mettre en voiture, lorsqu'il apprit que la reine n'était pas encore partie. Il demandait ses fils à l'instant, pour les emmener avec lui, et faisait dire à la reine qu'elle oubliait donc que, Paris pris, on pourrait s'en saisir comme d'otages.

La reine ne balança plus. « Qu'on fasse mettre « mes chevaux, » dit-elle, « et dites au roi que je « pars à l'instant avec mes enfants. »

Nous nous mîmes en route à neuf heures du soir ; la reine était seule dans sa voiture avec ses deux enfants ; madame Mailly, sous-gouvernante des princes, M. et madame d'Arjuzon, et la nourrice du plus jeune prince, qui ne l'a jamais quitté, étaient dans la seconde ; j'étais dans la troisième voiture avec ma femme de chambre, emportant avec moi toute la fortune de la reine, ses diamants. La voiture des femmes fermait la marche.

Nous arrivâmes pourtant à Glatigny sans embarras ; il était déjà tard. La reine présida au coucher de ses enfants.

Madame Doumerc me fit partager sa chambre, et nous passâmes une partie de la nuit à causer de nos craintes, des chances de salut qui restaient.

A peine endormies, nous fûmes réveillées par le canon de Paris qu'on attaquait, et nous ne pensâmes plus qu'à la nécessité de nous éloigner promptement. J'entrai chez la reine ; elle se levait déjà en entendant ces détonations dont le bruit la faisait tressaillir.

« Hélas ! disait-elle, jusqu'à présent je n'avais ja- « mais entendu le canon que pour des fêtes ou pour « se réjouir des succès de nos armées ! »

Nous partîmes pour le petit Trianon, où le général Préval vint voir la reine. Il faisait très beau ;

nous étions dans le jardin, d'où l'on entendait distinctement tous les coups et nous attendions avec la plus grande émotion la fin de cette bataille qui allait décider de nos destinées, la reine avait donné l'ordre qu'aucun domestique ne s'éloignât ; le général devait d'ailleurs lui donner des nouvelles.

Le bruit du canon avait déjà cessé, et nous n'apprenions rien.

J'aperçus de loin, dans l'avenue, un militaire qui arrivait fort tranquillement à pied de Versailles. Je courus au-devant de lui : « Quelle nouvelle nous apportez-vous ? » lui dis-je avec vivacité. — « Je viens parler à la reine, » me répondit-il froidement, « de la part du général Préval. »

Je vins annoncer ce sous-officier à la reine, et je me retirai. Quand il fut parti, elle fit appeler M. d'Arjuzon, et avec une tranquillité qui aurait pu me faire prendre le change, mais qui venait sans doute de la crainte de faire perdre la tête à chacun :

« Je veux me mettre en route sur-le-champ, » nous dit-elle, « qu'on fasse avancer mes voitures. »

La reine nous dit ensuite que le général lui faisait dire de quitter à l'instant Trianon, qu'il n'était plus sûr pour elle d'y rester. Lorsque nous traversâmes Versailles, nous apprîmes que les troupes avaient déjà évacué la ville, que les rois Joseph et Jérôme y étaient passés pour rejoindre l'impératrice.

Nous arrivâmes fort tard à Rambouillet. Les rois y étaient à souper, leurs chevaux y avaient rafraîchi et ils s'apprêtaient à repartir. La reine fut introduite près d'eux, et elle apprit les événements et la capitulation de Paris. Pour nous, nous restâmes dans le premier salon, où se trouvaient tous les ministres ; chacun avait sa contenance particulière. Je me souviens seulement du général Clarke, ministre de la guerre, qui avait l'air très préoccupé et d'un découragement qui me paraissait inouï. Au lieu de donner des ordres pour les régiments qui faisaient leur retraite, il semblait endormi sur sa chaise. Le comte Daru se promenait en réfléchissant ; le duc de Gaëte, toujours si bien poudré, semblait avoir été aidé par ses ailes de pigeon, mieux frisées encore que de coutume, à arriver frais et dispos ; le comte Decrès, gros et gras, prenait un air dégagé, comme pour nous chanter un air de vaudeville. C'était sans doute pour nous montrer son courage. Mais nous n'avions pas envie de rire.

Je voyais avec étonnement tous ces ministres si démoralisés ne pensant à rien qu'à fuir.

Personne ne songea à nous offrir à souper ; nous n'avions aucune provision avec nous, et la reine, qui vivait presque sans manger, ne s'en apercevait pas. J'étais si morte de fatigue et de faim, que je priai madame Dillon de me donner quelque chose ; elle n'avait plus qu'un gros morceau de pain, dont je m'emparai et que j'emportai dans ma chambre.

La reine était livrée à la plus grande incertitude ; elle nous parlait de la probabilité de voir arriver l'ennemi, ce qui lui paraissait insupportable. Les enfants étaient couchés, déjà endormis ; elle tenait à les laisser reposer.

« Pourquoi ne se retire-t-on pas en ordre ? » disait-elle. « Est-ce qu'on cède la France sans la disputer à l'ennemi ? »

L'idée que Paris serait rendu au moment où l'empereur allait arriver pour le défendre, la mettait dans une exaspération qui lui faisait accuser les hommes de faiblesse.

J'invitai la reine à se reposer ; mais il était dit qu'elle devait avoir tous les genres de tourment. Le roi Louis, qui craignait pour ses enfants, envoya un officier à la reine avec l'ordre exprès de la régente même, pour qu'elle eût à venir au plus tôt se réunir à eux à Blois. La reine, en lisant cette lettre, s'écria :
« Est-il possible qu'au milieu de si cruels événe-
« ments j'aie encore à redouter des persécutions par-
« ticulières, au lieu de l'intérêt et de la protection que
« j'aurais droit d'attendre ! »

Alors, comme si ce surcroît de tourment l'eût révoltée : « J'allais à Blois, dit-elle ; mais maintenant « je vais me rendre près de ma mère à Navarre. » Elle me demanda ce qu'il fallait pour écrire, et de son lit, où elle était déjà, elle écrivit trois lettres, une à son mari, une à l'impératrice Marie-Louise, et une à l'empereur. Je remis ces lettres à l'officier qui avait l'ordre d'accompagner S. M., mais qui partit cependant sans elle pour remplir ses ordres.

Je laissai enfin la reine se reposer, résolue à me jeter tout habillée sur mon lit, ayant à peine le temps de sommeiller deux heures ; mais, loin de là, je vis entrer dans ma chambre mesdames de Raguse, de Reggio et de Saint-Aulaire ; elles avaient pris le parti de quitter Paris avant l'entrée des troupes ; par des détours et avec des chevaux qu'elles avaient pu trouver à des postes intermédiaires, elles arrivaient à Rambouillet. Leur désolation de la reddition de Paris était aussi grande que la nôtre. Dans son désespoir, la duchesse de Raguse s'écriait : « L'empereur va revenir sur Paris ; tout sera mis à feu et à sang ! » La duchesse de Reggio ajoutait : « Nos maris n'abandonneront pas l'empereur, leur protecteur, leur général, et je les vois se faisant tuer à ses côtés sous les murs de Paris. » Madame de Saint-Aulaire, dont le mari n'était que chambellan, s'affligeait de tous les maux qu'on redoutait. Au milieu de ces lamentations, qui n'étaient que trop justifiées par la position où elles se trouvaient, elles criaient la faim, et ces femmes si recherchées, si gâtées par toutes les habitudes du luxe, furent trop heureuses de se partager les débris de mon fameux morceau de pain.

Elles voulaient toutes voir la reine ; je me faisais une conscience d'aller encore interrompre ce moment de repos ; mais ces dames insistaient ; il semblait qu'elles dussent se laisser guider par elle dans ce qu'elles avaient à faire ; d'ailleurs le moment fixé pour le départ approchait.

J'entrai chez la reine, qui reçut ces dames pendant qu'elle s'habillait.

Les doléances recommencèrent ; la reine leur conseilla d'aller à Blois se réunir à l'impératrice Marie-Louise, et surtout de partir en même temps qu'elle ; car si elle n'avait pas craint les Cosaques dans la nuit, elle pensait bien qu'ils ne pouvaient pas tarder à arriver.

La reine leur fit part de son projet d'aller à Navarre, et nous nous séparâmes toutes la mort dans l'âme : où et quand nous reverrions-nous ?...

Les voitures arrivées, nous nous mîmes en marche, à la surprise de chacun qui nous vit passer par la forêt de Rambouillet, au lieu de longer les bois, en suivant la route de Maintenon. Toujours prévoyante, même dans son imprudence, la reine avait fait demander un garde de la forêt pour connaître la route. Mais, par bonheur, au moment où nous entrions dans le bois, une voiture de la reine, qui n'avait pu suivre, arrivait à Rambouillet avec son valet de chambre, qui l'escortait à cheval. Il vint à la portière de sa voiture lui rendre compte de ce qu'il avait vu, et entre autres choses il lui dit que dans une plaine, qu'il lui nomma, il avait aperçu de loin les Cosaques.

Elle changea à l'instant de plan, fit retourner ses voitures, et nous nous trouvâmes sur la grande route de Rambouillet à Maintenon.

Après avoir fait un quart de lieue, nous vîmes

sortir du bois et galoper dans la plaine un Cosaque avec son grand fouet à la main. Le piqueur de la reine mit son cheval au galop de ce côté ; le Cosaque rentra dans le bois ; un instant après, il reparut avec un autre, mais pourtant ils ne nous atteignirent pas.

Quand nous fûmes à Maintenon, la reine fit demander une escorte à un régiment de cavalerie qui se trouvait là, et nous reprîmes avec sécurité une route de traverse. Un courrier de l'empereur que nous rencontrâmes, dit à la reine qu'il avait laissé l'empereur allant à Paris. La reine s'écria : « J'avais donc « raison de vouloir qu'on se défendît à Paris ; j'étais « sûre que l'empereur viendrait au secours de sa « capitale. Que va-t-il devenir ainsi que notre ar- « mée ? »

Quand nous fûmes au premier village, le curé, avec le saint sacrement, vint au-devant de nous ; notre escorte avait fait supposer que nous étions l'ennemi qu'on redoutait tant.

Nous traversâmes des vallées si calmes et si paisibles que c'était un contraste bien pénible avec notre agitation.

Nous parvînmes enfin à Louis un peu avant la nuit.

La reine congédia son escorte ; restée seule avec nous, je la vis un moment anéantie. « Je pleure, » nous dit-elle, « sur tous les malheurs que je pré- « vois ; que se passe-t-il à Paris ? on s'y bat sans

« doute ; l'empereur, à la tête de son armée, voudra
« reprendre sa capitale, et l'ennemi en est le maître ;
« comment ne pas prévoir une lutte affreuse d'exter-
« mination. »

Jamais soirée ne fut plus triste que celle que nous passâmes à Louis. Le lendemain à cinq heures du matin nous nous remîmes en route pour Navarre, par un temps épouvantable et des chemins affreux.

A quatre lieues de Navarre nous trouvâmes M. Fritz Pourtalès, premier écuyer de l'impératrice, qui venait au-devant de la reine avec les chevaux de sa mère. Bientôt elle eut le bonheur de se trouver près d'elle.

Le plaisir d'embrasser sa fille et ses petits enfants fut une grande consolation pour l'impératrice Joséphine qui se tourmentait outre mesure du sort de l'empereur.

Sa fille lui cacha même ce qu'elle avait appris en route de sa marche sur Paris, pour ne pas augmenter ses inquiétudes. Nous ne tardâmes pas à apprendre tous les détails de cette catastrophe, l'entrée des alliés à Paris.

Quelles journées que ce samedi, ce dimanche ! Tout ce que nous avions de brillant à Paris était à Navarre : la duchesse de Bassano y arriva avec ses enfants et ses sœurs, se dirigeant sur Alençon ; madame Mollien, si tendrement attachée à la reine, et qui, de chez elle, était passée à l'impératrice Marie-Louise, revenait déjà de Blois, où elle avait laissé son mari ; madame Gazani, éplorée et toujours belle. Tout cela sans hommes, sans plan arrêté, tandis que des ordres arrivaient de l'empereur pour que l'on mît tout sur le pied de défense dans les départements.

Le château de Navarre ne comprend qu'une grande salle et un appartement. L'impératrice avait logé sa fille dans le petit château qui n'est qu'à deux pas du grand. La santé de l'impératrice était alors parfaite, tandis que sa fille était très délicate, même assez dangereusement malade de la poitrine : aussi la moindre impression lui était-elle funeste.

Une nuit on vint m'éveiller pour me dire qu'un jeune homme demandait à me parler à l'instant ; il arrivait de Fontainebleau, et était envoyé par le duc de Bassano. Je me levai à la hâte, et je fus trouver M. de Maussion, auditeur au Conseil d'État, qui m'apprit le premier la capitulation de Paris et la position où se trouvait l'empereur auquel on accordait l'île d'Elbe en toute souveraineté.

Je me décidai à aller réveiller l'impératrice, et je traversai la cour ; sa femme de chambre m'introduisit près d'elle, et rien ne saurait exprimer son angoisse : « L'empereur vit, » me dit-elle en me prenant les mains, « en êtes-vous bien sûre ? » « Que M. de Maussion m'en répète l'assurance. » Ensuite elle pensa à aller réveiller sa fille pour trouver près d'elle les consolations dont elle avait tant besoin.

Aors elle passa un manteau de percale, je pris le bougeoir à la main et je la suivis ; elle nous fit entrer tous deux dans la chambre de la reine. M. de

Maussion nous donna tous les détails dont ces princesses étaient si avides.

L'impératrice était assise au pied du lit de sa fille ; M. de Maussion et moi nous étions debout. Je n'oublierai jamais l'exclamation de l'impératrice, quand M. de Maussion raconta que l'empereur irait à l'île d'Elbe.

« Ah ! Hortense, » s'écria-t-elle en se penchant vers sa fille, « le voilà donc malheureux, confiné à l'île « d'Elbe ? Ah ! sans sa femme, j'irais m'y renfermer « avec lui ! » Nous avions tous les larmes aux yeux en voyant la douleur de cette femme excellente qui en avait déjà tant éprouvé.

Nous apprîmes encore que l'empereur avait voulu défendre Paris ; mais qu'étant arrivé trop tard, le duc de Raguse, qui avait capitulé pour son corps d'armée, avait livré l'empereur sans défense à Fontainebleau, où il était revenu et, où chaque jour il voyait une défection nouvelle.

M. de Maussion promit de rester pour déjeuner et quand je fus seule avec la reine, elle me dit : « J'ai un projet arrêté ; ma position particulière me « rend isolée sur la terre ; ma mère peut rester en « France, puisque le divorce la rend libre ; mais je « porte un nom qui ne peut plus y demeurer, puisque « les Bourbons reviennent. Je n'ai aucune fortune « que mes diamants, je les vendrai et j'irai vivre à « la Martinique, sur l'habitation qui appartient à ma « mère. J'ai été là fort jeune et j'en conserve un

« souvenir agréable. Ce sera sans doute un grand
« sacrifice que de quitter la France, ma mère, mes
« amis ; mais là je serai tranquille. J'élèverai bien
« mes enfants, et ce sera ma consolation. »

J'étais attendrie à la pensée de tout ce qu'elle abandonnait et de la force qu'il lui fallait pour le faire avec tant de résignation. C'était dans une île éloignée de toutes les jouissances de la vie que la fille de l'empereur Napoléon pensait avec calme à aller enfouir son existence et tant de dons précieux.

Je lui pris la main, que je baisai avec une émotion profonde de respect et d'admiration. « Permettez-moi
« de vous suivre, » lui dis-je ; « je serai trop heu-
« reuse de partager vos malheurs. — Mais ta mère,
« tes frères, » me répondit-elle. « — Ils pourront se
« passer de moi, » lui dis-je, « je sens que vous au-
« rez besoin de mon dévouement, et que je ne pour-
« rai me décider à m'éloigner de vous. — Hé bien,
« si telle est ta résolution, j'accepte. »

La reine pensa ensuite à rendre libre sa maison d'honneur.

Alors nous convînmes que j'irais à Paris avec M. de Maussion pour préparer ma mère à cette séparation, et que là j'arrangerais mes affaires et celles de la reine ; que je ne parlerais à personne de ses projets et que je ne me montrerais même pas à mes amis de Paris.

Madame de Caulaincourt était une personne qui n'avait pas besoin qu'on lui rendît ses serments ; elle n'a jamais cessé d'être attaché à la reine, elle a toujours dit hautement qu'elle se faisait gloire d'avoir été sa dame d'honneur et qu'on ne la verrait jamais à une autre cour. D'autres lui sont restés aussi attachés, mais quelques-uns se sont manqué à eux-mêmes.

Comme je l'ai déjà dit, j'étais liée d'une tendre amitié avec la duchesse de Bassano, et pendant que son mari était ministre des affaires étrangères, j'allais presque tous les jours passer la soirée chez elle. La reine était alors chez l'empereur, chez l'impératrice, ou chez elle avec ses dames d'honneur ; elle n'avait nul besoin de moi.

Je rencontrais journellement chez la duchesse de Bassano tout le corps diplomatique, qui ne venait jamais chez la reine qu'en grande cérémonie. Je m'étais liée plus particulièrement avec la princesse Sophie Wolkonsky.

Lorsqu'elle retournait à Saint-Pétersbourg, une correspondance suivie remplaçait ces longues causeries.

M. de Nesselrode, si longtemps premier secrétaire d'ambassade à Paris, était souvent en tiers dans nos entretiens, et c'était à lui que je remettais toutes mes lettres pour la Russie.

Avant de m'embarquer j'avais à remettre à plusieurs d'entre eux des diamants qu'ils m'avaient confiés, dans la crainte de les perdre en Russie, si nos armées en faisaient la conquête.

Presque tous venaient d'arriver à Paris, étonnés sans doute autant que moi, d'y paraître en vainqueurs ; car nous avions été loin d'imaginer qu'ils reviendraient eux-mêmes rechercher à Paris ce qu'ils y avaient laissé.

Il était convenu avec la reine que je ne verrais personne de sa maison, que je ne me montrerais même pas, et que, toutes mes affaires personnelles achevées, je viendrais la rejoindre à Navarre.

Je voyageai dans la voiture de M. de Maussion. Arrivée à la barrière, je fondis en larmes, en voyant les portes de Paris gardées par des Russes ; car il était affreux de penser que l'empereur était venu trop tard défendre cette capitale qu'on avait livrée si vite. Quelle allait être la position de la reine et de ses enfants !

Voilà ce qui m'avait occupée pendant toute la route. Je savais qu'elle n'avait aucune fortune à elle ; son mari lui laissait son traitement de prince français, pour tenir sa maison lorsqu'ils étaient séparés, et depuis qu'il avait abdiqué la couronne de Hollande.

A présent, avec quoi vivrait-elle ? Elle ne s'était jamais occupée des détails d'une maison, elle croyait qu'on pouvait vivre avec rien, et l'argent était la dernière chose à laquelle elle eût pensé. Elle imaginait qu'avec ses diamants (seule chose qui allait lui rester), il y en aurait assez pour une vie tranquille comme celle qu'elle allait mener;

Mais moi je m'inquiétais pour elle, et aussi pour sa mère, car toute la vie de l'impératrice s'était passée au milieu du luxe et de toutes les délicatesses de la plus grande aisance. Ses bienfaits étaient si considérables et si peu calculés, même sur sa fortune, qu'elle allait se trouver en face de dettes énormes, et n'ayant qu'une campagne comme la Malmaison pour toute fortune. Je pensais à tout cela en roulant vers Paris, lorsque l'aspect des uniformes étrangers me rappela ces tristes réalités qui avaient enfanté toutes mes craintes.

Ma mère fut très affligée de mon projet de m'exiler avec la reine ; mais comme elle connaissait mon attachement : « Va, ma fille, suis ta destinée. Mais, je ne puis vivre loin de toi. Lorsque vous serez fixées quelque part j'irai m'y réunir à toi, fût-ce au bout de l'univers. » Les malheurs, l'exil sont arrivés, et ma digne mère a tenu sa promesse !

A mon arrivée, je trouvai l'hôtel de la reine envahi par les Suédois ; on n'avait pas osé habiter son appartement. Elle avait laissé dans la bibliothèque de son cabinet tous ses papiers, toutes ses correspondances. Les étrangers auraient donc pu s'emparer de tous ses papiers ; mais cette pièce fut habitée, et l'on ne toucha à rien.

J'appris que l'empereur Napoléon, forcé d'abdiquer à Fontainebleau (par l'abandon du duc de Raguse et de plusieurs autres généraux qui s'empressèrent de faire leur paix), avait jusqu'à la fin montré le plus grand courage. M. de Nesselrode accourut un des premiers chez moi aussitôt qu'il eut reçu l'annonce de mon arrivée. Je m'informai à lui de tout qui pouvait intéresser la reine et l'impératrice, et de ce que je pouvais savoir sur le sort de l'empereur Napoléon, et j'écrivis en détail à Navarre tout ce ce qu'on me disait. J'avais, depuis bien des années, contracté l'habitude d'écrire tous les soirs ce que j'avais fait dans la journée. Mes lettres à la reine remplacèrent en ce moment cette espèce de journal. Je les ai sous les yeux ; je copierai exactement les phrases essentielles. Dans ma première lettre, voici ce que je lui disais : « Madame, je viens de voir M. de Nesselrode, et je m'empresse de vous conter mot à mot ce qu'il m'a dit. « Écrivez à l'instant à la reine pour qu'elle vienne ici. Qu'elle décide elle-même de son sort. Nous pouvons tout dans ce moment. La destinée de l'Europe et de chacun est entre nos mains, et nous tenons à être justes envers elle, qui a toujours été parfaite pour nous et qui a toujour cherché à adoucir les malheurs de tant d'autres !... Que possède-t-elle ? — Ses diamants, ai-je répondu. — Rien de plus ? — Non, rien de plus. Son fils aîné est grand-duc de Berg, mais l'empereur est son tuteur ; et elle jouit de l'apanage institué pour son fils cadet, qui se compose de bois autour de Saint-Leu : je crois que cela peut valoir cinq cent mille francs. — C'est trop peu pour elle, a-t-il repris. — Écrivez-lui qu'elle reste encore où elle est, avec ses enfants et sa mère, et qu'elle fixe elle-même son sort. Tout ce qu'elle voudra sera fait. » D'après toutes ces assurances que je venais de recevoir, l'avenir de la reine me paraissait assuré d'une manière même plus conforme à ses goûts que la destinée brillante dont elle avait à peine joui. J'attendis sa réponse avec impatience. Mon étonnement fut grand lorsque je reçus une lettre de la reine qui me disait qu'elle ne voulait pas séparer sa cause de celle de la famille à laquelle elle était liée, et que plus leur malheur était grand, plus elle voulait le partager.

Voici une des lettres de la reine :

« Ma chère Louise, tout le monde m'écrit ainsi
« que toi, pour me dire : Que voulez-vous ? que
« demandez-vous ? A tous je réponds : *rien du tout.*
« Que puis-je désirer ? mon sort n'est-il pas fixé ? il
« est inutile de rien demander à personne. Je t'en
« prie, ne fais aucune démarche que je pourrais dé-
« sapprouver : je sais que tu m'aimes, et cela pour-
« rait t'entraîner ; j'ai tant souffert au milieu des
« grandeurs ! je vais peut-être connaître la tranquil-
« lité et la trouver préférable à tout ce brillant agité
« qui m'entourait. Je ne crois pas pouvoir rester en
« France : le vif intérêt qu'on me montre pourrait
« par la suite donner de l'ombrage. Cette idée est
« accablante, je le sens ; mais je ne veux causer d'in-
« quiétude à personne. Mon frère sera heureux, ma
« mère doit conserver sa patrie et ses biens, moi j'irai

« loin avec mes enfants, puisque la vie, la fortune
« de ceux que j'aime est assurée, je puis toujours
« supporter le malheur qui ne touche que mon exis-
« tence, et non pas mon cœur. Je suis encore toute
« troublée du sort que l'on destine à l'empereur Na-
« poléon et à sa famille : est-il vrai ? tout est-il
« arrêté ? donne-m'en des détails. Si je n'étais venue
« près de ma mère, je suis sûre que je n'aurais pas
« pu m'éloigner d'eux dans ces moments malheu-
« reux. Ah ! j'espère qu'on ne me redemandera pas
« mes enfants, c'est alors que je n'aurais plus de
« courage ! Élevés par mes soins, ils se trouveront
« heureux dans toutes les positions. Je leur appren-
« drai à être dignes de la bonne et de la mauvaise
« fortune, à mettre leur bonheur dans la satisfaction
« de soi-même : cela vaut bien des couronnes. Ils se
« portent bien, voilà mon bonheur à moi ! Remer-
« cie beaucoup M. de N... de tout son intérêt. Je
« t'assure qu'il est des positions qu'on appelle avec
« raison malheureuses, et qui ne sont pas sans
« charme. Ce sont celles qui nous mettent à même
« de juger des véritables sentiments qu'on nous
« porte. Je jouis de l'affection que tu me montres, et
« il me sera toujours doux de t'assurer de toute celle
« que je t'ai vouée.

« HORTENSE. »

AUTRE LETTRE DE MOI

« Je viens, madame, de voir encore M. de Nesselrode ; il s'est beaucoup informé de vous ; l'empereur de Russie occupe l'Élysée-Napoléon. Le comte m'a raconté une histoire qui circule d'une scène entre l'impératrice Marie-Louise et les rois ses beaux-frères. Ils voulaient la mettre de force dans une voiture, pour la faire aller plus loin ; mais, comme elle s'y refusait, on va même jusqu'à dire que le roi de Westphalie l'a un peu battue. Elle a appelé à son secours : c'est le général Caffarelli, qui commandait la garde, qui l'a sauvée. Le lendemain elle a été prise, ainsi que son fils, avec tous les diamants de la couronne ; mais il paraît que c'était ce qu'elle désirait...

« Enfin vos amis veulent absolument que vous vous rendiez à la Malmaison aussitôt que l'empereur Napoléon sera parti de Fontainebleau. On assure que l'empereur de Russie veut aller vous voir même à Navarre, si vous ne venez pas à la Malmaison. Ainsi vous ne pouvez l'éviter, et songez qu'il a entre ses mains la destinée de vos enfants.

« Hier j'ai vu les arrivants de Fontainebleau, M. de Lascours, M. de Lawoestine. Ils venaient pour savoir où vous étiez, soit à Navarre, soit à la Malmaison ; ils veulent aller vous y voir. Vous avez là de vrais chevaliers.

« Ces quinze jours passés à Fontainebleau sont

remplis d'intérêt. Tous ces jeunes gens voulaient accompagner l'empereur : M. de Flahaut, M. de Labédoyère, M. Anatole de Montesquiou. C'est l'empereur même qui les en a empêchés et qui les a congédiés, en leur recommandant de servir toujours avec zèle leur patrie. »

Pendant que j'écrivais ces lettres à la reine, j'en reçus une d'elle qui explique trop bien ses intentions pour que je ne la mette pas ici :

« Ma chère Louise, tu es affligée de ma résolu-
« tion ! vous me taxez tous d'enfantillage ! vous êtes
« injustes ! Le conseil du duc de Vicence peut être
« suivi par ma mère, elle ira à la Malmaison ; mais
« moi *je reste*, je n'ai que de trop bonnes raisons,
« je ne dois pas séparer ma cause de celle de mes
« enfants. C'est eux, c'est leurs parents, qui sont sa-
« crifiés dans tout ce qui se fait, je ne veux donc pas
« me rapprocher de ceux qui renversent leur desti-
« née. Je ne doute pas que l'empereur de Russie ne
« soit excellent pour moi ; j'en ai entendu dire beau-
« coup de bien, même par l'empereur Napoléon ;
« mais, dans ce moment, je ne veux pas le voir ;
« n'est-ce pas notre vainqueur ? J'irai peut-être aux
« eaux, car je souffre beaucoup de la poitrine. On
« veut croire ici que cela vient des émotions cau-
« sées par ces grands événements ; on se trompe, la
« mort nous a épargnés tous, et la perte d'une po-

« sition brillante n'est pas ce qui afflige le plus la
« vie ; personnellement, quel est le bonheur que je
« perds ? mon frère sera bien traité, je l'espère, et
« il ne s'exposera plus. Il doit être inquiet de nous ;
« je n'ose lui écrire, mes lettres n'arriveraient pas ;
« si tu en trouvais l'occasion, profites-en pour lui
« dire que nous ne sommes plus environnées de dan-
« gers. Adieu, je te recommande encore de ne pas
« te remuer pour moi, je crains ta vivacité et ton
« amitié, et pourtant j'aime à y compter. Mes en-
« fants se portent bien ; ma mère combat tous mes
« projets, elle me dit avoir besoin de moi ; mais je
« n'en irai pas moins près de celle qui doit encore
« être la plus malheureuse.

« HORTENSE. »

« Navarre, le 12 avril 1814. »

Ainsi, malgré toutes nos instances, la reine partit pour aller rejoindre l'impératrice Marie-Louise à Rambouillet ; j'avoue que j'en fus anéantie.

On peut juger de mon chagrin, lorsque, malgré mes instances et l'avis de ses amis au lieu de venir à la Malmaison, comme son intérêt l'exigeait, la reine avait répondu avec sa douceur ordinaire : « Vous avez raison, cela peut être vrai, mais je n'en irai pas moins voir l'impératrice Marie-Louise, c'est un devoir ; dût-il y avoir des inconvénients pour moi, peu importe, je les remplirai.

En effet, elle était partie pour Rambouillet malgré toutes nos prières.

J'appris pourtant, par un billet de M. de Nesselrode, que l'empereur de Russie allait à la Malmaison.

LE COMTE DE NESSELRODE A MADEMOISELLE COCHELET

« L'empereur va aujourd'hui à la Malmaison, il part à une heure ; il y a envoyé hier Tchernischeff : ainsi l'impératrice Joséphine est prévenue. Je vous annonce de plus l'arrivée de la princesse Sophie qui a débarqué cette nuit, et sera sûrement fort impatiente de vous voir.

          N. »

Je vis par là que, quoique l'empereur Alexandre se fît un plaisir de voir la mère et la fille réunies, il n'en avait pas moins été faire une visite à l'impératrice Joséphine, aussitôt qu'il l'avait sue à la Malmaison. A son grand étonnement, à celui de l'impératrice et de tout le monde, au moment où il partait, la reine, avec ses enfants, était arrivée de Rambouillet.

Je me rendis à la Malmaison enchantée de cette nouvelle. La reine m'apprit qu'elle avait été en effet près de l'impératrice Marie-Louise, ne pensant qu'à elle, cherchant comment elle pourrait lui être utile et lui prouver son attachement ; mais que l'impératrice Marie-Louise l'avait reçue avec un air embarrassé, et ne lui avait pas caché qu'elle attendait son père l'empereur d'Autriche, et qu'elle craignait qu'il ne se trouvât gêné par sa présence. La reine avait ajouté que le peu de temps qu'elle était restée là avait suffi pour la convaincre que l'impératrice Marie-Louise, quoique affligée, était loin d'avoir le cœur aussi blessé de la position de l'empereur Napoléon que l'impératrice Joséphine. « J'ai pensé que j'étais encore plus nécessaire à ma mère qui partage si vivement les malheurs de l'empereur ; et puisqu'au lieu de consoler l'impératrice Marie-Louise je la gênais, je l'ai quittée. Son père allait arriver ; je l'ai en effet rencontré en route, dans une petite calèche, avec M. Metternich. »

J'avoue que je fus enchantée de cette fin, que j'étais loin d'attendre, et que je sus gré à l'impératrice Marie-Louise de n'avoir pas eu besoin des consolations qu'une sœur lui portait en sacrifiant pour elle ses intérêts les plus chers.

J'étais charmée que l'empereur de Russie eût vu la reine, et j'attendais avec impatience que M. de Nesselrode vînt me raconter comment il l'avait trouvée ; mais je fus bien étonnée lorsqu'il me dit : « Votre reine, qui est si aimable ordinairement, ne l'a guère été, à ce qu'il paraît, avec notre souverain; il en a été très peiné, lui qui a tant le désir de lui être utile, ainsi qu'au prince Eugène. Il a trouvé la reine très froide, très digne ; elle n'a rien répondu aux offres qu'il lui a faites pour ses enfants ; il est difficile qu'il l'oblige si elle s'y refuse si obstinément. Quant à l'impératrice Joséphine, sa douceur, sa bonté, son abandon l'ont charmé, mais je l'ai vu piqué contre la reine.

Ce qu'il y a de singulier, c'est qu'avec le caractère de l'empereur Alexandre cela fit l'effet tout contraire de ce que nous craignions. C'était plutôt de ceux qui se jetaient à sa tête qu'il commençait d'abord par se méfier ; il les fuyait.

Aussi ce petit mécompte fit qu'il retourna à la Malmaison, qu'il fit de grands frais auprès de la reine, qu'il déploya les sentiments les plus nobles et ne ménagea rien au moins pour forcer la reine à concevoir bonne opinion de lui, et il y réussit.

Peu de temps après le prince Eugène arriva ; ce qui soulagea beaucoup la reine, ce fut de voir que son frère arrangerait sans elle sa position. Mais le prince Eugène reçut tant d'avances et de bonnes grâces de l'empereur Alexandre, qu'il s'en remit à lui de son sort. Aux malheurs qui les atteignaient tous, se joignait, pour le prince Eugène, un chagrin de plus, celui que lui avaient causé les derniers événements d'Italie. Après tant d'années d'une administration si sage, d'un si grand zèle pour le bien du pays qu'il gouvernait, quel était le prix d'un dévouement de tous les jours, de tous les moments ? L'assassinat de son ministre. Quand les événements furent connus à Milan, il y vit une manifestation de l'opinion publique contre lui. Il s'éloigna le cœur navré, répétant le mot de François Iᵉʳ : « Tout est perdu fors l'honneur. »

Le frère et la sœur, lorsqu'il s'agissait de leurs intérêts particuliers, y mettaient autant d'indifférence qu'ils avaient mis de ténacité et de courage à soutenir la cause des peuples auxquels ils appartenaient.

La reine vint un jour à Paris. L'empereur de Russie, en l'apprenant, envoya demander si elle voulait le recevoir. La reine n'avait plus que fort peu de domestiques, toute la livrée avait été congédiée. Elle vint au-devant de l'empereur et lui dit : « Vous « trouvez mon appartement désert aujourd'hui ; je « n'ai plus personne pour vous recevoir en céré- « monie. » La reine s'apercevant de la pénible impression que l'empereur en éprouvait, car les larmes lui en vinrent aux yeux.

— « Hélas ! dit l'empereur, c'est en partie moi qui suis cause de ce brusque changement dans votre fortune, et je ne m'en console pas ; mais au moins laissez-moi arranger votre existence de manière à ce qu'elle vous plaise. Vous aimez la France, vous y avez des amis, vous devez désirer d'y rester ; laissez-moi disposer les choses de façon que cela puisse se faire. » — « Ne parlons pas de cela », dit la reine, « il faut suivre sa destinée dans toutes ses conséquences.

« Je ne puis rester en France convenablement à présent, il faut avoir le courage d'envisager tout de suite le côté le plus pénible de sa position. » — « Non, s'écria l'empereur, vous vous devez à votre mère, et d'ailleurs, croyez-vous que nous, qui donnons la couronne aux Bourbons, nous n'exigions pas d'eux qu'ils respectent ceux avec lesquels nous avons formé alliance, et que nous respectons nous-mêmes ? Avec l'empereur Napoléon il n'y avait plus d'espoir de paix ; nous ne reconnaissons pas moins que c'est un grand homme, que j'ai aimé comme un ami. J'étais pour la régence, et surtout pour qu'on consultât le pays ; mais on s'est empressé, sans aucune garantie, d'appeler les Bourbons. Tant pis pour les Français s'ils s'en trouvent mal ; ce sont eux qui l'ont voulu et pas moi. Vous êtes si aimée en France ! pourquoi n'y resteriez-vous pas ? C'est là qu'il faut arranger votre existence ; elle ne sera jamais digne de vous, mais vous vivrez tranquille au milieu de vos amis, avec vos enfants ; je sais que c'est là tout ce que vous ambitionnez ; réglons donc la manière dont il faut arranger votre position. Mademoiselle Cochelet, allons, venez persuader à la reine qu'elle me dise ce que je puis faire pour elle. »

Je fus fort étonnée, un soir que j'étais seule, de recevoir dans mon petit salon la visite de l'empereur Alexandre. J'étais si embarrassée, que je ne savais ce que je devais dire. « Je viens, dit l'empereur, causer avec vous sur ce qui peut convenir à la reine. On en ferait par trop une héroïne de roman, si on la croyait. Je suis persuadé qu'elle pense qu'on peut

vivre avec l'air du temps, sans argent. » Je me mis
à rire. — « En effet », lui dis-je, « sire, elle n'en a
jamais senti le prix que pour le donner ; réellement
elle ignore tout ce qu'il en faut pour vivre décem-
ment après une si grande existence. — Eh bien ! je
viens exprès. » dit l'empereur, « pour causer avec
vous sur tout cela. Je n'ai jamais vu une femme
aussi intéressante. Elle mérite d'être heureuse. Elle
serait ma sœur, que je ne mettrais pas plus de prix
à l'obliger. Mais, dites-moi, ces bois qu'elle possède
près de Saint-Leu sont à elle comme apanage prin-
cier, n'est-ce pas ? Eh bien ! il faut qu'elle les ait
en toute propriété ; et, pour qu'on ne puisse jamais
en frustrer ses enfants, il faut y établir un duché.
J'en ai parlé à Nesselrode ; il va rédiger un projet
que nous forcerons Blacas de faire signer au roi, et
vous vous chargerez de le faire accepter à la reine.

« — Sire, lui dis-je, permettez-moi de vous faire
observer que la reine n'a peut-être pas tort de redouter, malgré son amour pour la France, d'y voir
son existence établie. On a beau l'aimer beaucoup, je
sais que déjà on est jaloux de votre empressement
auprès d'elle ; je vous dirai même que M. de Nesselrode m'en a parlé avec chagrin. Notre empereur,
m'a-t-il dit, va beaucoup trop à la Malmaison ; toute
la diplomatie s'en effarouche ainsi que la haute société.

« — Bah ! » me dit l'empereur, « je reconnais bien
là Nesselrode, il s'inquiète facilement. Que m'im-

porte le faubourg Saint-Germain ! tant pis pour ces dames si elles n'ont pas fait ma conquête ! Je préfère à tout les nobles qualités de l'âme. Je trouve dans l'impératrice, la reine Hortense et le prince Eugène tout ce qu'on admire et tout ce qui attache ; je me plais beaucoup plus avec eux qu'avec des personnes qui sont comme des énergumènes, et qui, au lieu de jouir du triomphe que nous leur avons fait, ne pensent qu'à anéantir leurs ennemis, en commençant encore par ceux qui les ont protégés si longtemps ; elles sont fatigantes par leur exaspération. »

J'offris du thé à l'empereur, qui l'accepta ; je ne pouvais m'empêcher d'avoir un peu d'orgueil en le voyant ainsi établi chez moi, sans façon, causant sans contrainte, je ne pouvais me figurer que c'était un de ces conquérants dont l'approche nous avait causé tant d'effroi.

Peu de jours s'étaient écoulés depuis la visite de l'empereur Alexandre, lorsqu'un matin où j'étais seule chez moi, je le vis arriver avec cette dignité gracieuse et élégante qu'il joignait toujours au ton respectueux qu'il avait avec toutes les femmes ; il avait une belle taille, une tournure qu'on eût trouvée distinguée lors même qu'il n'eût pas été empereur, et un visage plus expressif que régulier.

Sous le rapport de ses sentiments il était à part de tous les autres hommes. Il était, ce que beaucoup de gens appellent par dérision, *sentimental*.

L'empereur Alexandre m'exprima le désir qu'il

aurait de voir Saint-Leu ; la reine consentit à lui donner à dîner dans cette campagne avec l'impératrice et le prince Eugène. Les seuls invités furent le duc de Vicence et la maréchale Ney.

Depuis que la reine avait congédié sa maison d'honneur, je faisais le service de dame près d'elle. Madame de Boubers ne l'avait jamais quittée depuis le consulat ; elle logeait comme moi dans la maison. Elle avait été gouvernante de ses enfants. L'empereur avait été si satisfait de la manière dont elle élevait ses neveux qu'il avait voulu l'avoir comme sous-gouvernante du roi de Rome ; et en effet, c'était une personne parfaite, elle avait conservé son logement chez la reine, et à présent elle était en quelque sorte sa dame d'honneur et ne la quittait pas.

En hommes elle avait conservé son écuyer, M. de Marmold, M. Devaux, son intendant ; l'abbé Bertrand, son aumônier, restait aussi, et donnait des leçons à ses enfants ; toute sa maison et celle de l'impératrice se réunirent à Saint-Leu, le 14 mai, pour y recevoir l'empereur qui y vint sans cérémonie, dans une petite calèche, avec le comte Tchernischeff.

Après le déjeuner on fit avancer le grand char-à-bancs de la reine, où l'on pouvait tenir dix personnes : l'empereur y monta avec les princesses, le prince Eugène, la maréchale Ney, le duc de Vicence, et deux dames, on alla visiter les bois de Montmorency, où la reine avait fait percer de si jolies routes. Elle expliquait à l'empereur combien tout cela eût été joli si elle eût pu l'achever. Il lui demanda : « Ceci vous reste-t-il ? — Non, » répondit la reine, « c'est déjà rendu au prince de Condé. » — « Mais « sur quoi le duché sera-t-il donc placé ? » deman- « dait l'empereur. « — Sur des biens qui sont plus « loin et qui sont aussi fort beaux. »

Elle se mit avec gaieté à les faire valoir pour ôter à l'empereur l'espèce de regret qu'il manifestait de ne plus la voir en possession de ceux qu'elle avait embellis avec tant de soin et qu'elle devait croire posséder toujours. Au retour, l'impératrice se trouva un peu fatiguée, et rentra dans son appartement en me disant de la suivre. La reine resta avec le reste de la société à se promener sous les grands arbres près de la maison. « Mademoiselle Cochelet, me dit l'impératrice, je ne puis vaincre une tristesse affreuse qui s'empare de moi, je fais tous mes efforts pour la cacher à mes enfants, mais j'en souffre davantage. Savez-vous ce qui arrivera lorsqu'il sera parti ? On ne fera rien de ce qu'on lui promettra ; je verrai mes enfants malheureux, et je ne puis supporter cette idée, elle me fait un mal affreux : je souffre déjà assez du sort de l'empereur Napoléon qui se trouve déchu de tant de grandeurs, relégué dans une île loin de la France qui l'abandonne : faut-il encore voir mes enfants errants, sans fortune ! je sens que cette idée me tue. »

L'impératrice me disait tout cela, couchée sur une chaise longue où elle paraissait affaiblie. J'étais debout, près d'elle ; je cherchais, en l'interrompant quelquefois, à rompre le cours de ses tristes pensées, et à ranimer un peu son courage, lorsque sa fille entra. Elle s'informa avec intérêt du motif qui lui avait fait quitter la société. L'impératrice alors se leva et retourna au salon, où elle eut une longue conversation avec l'empereur. La reine me questionna sur sa mère. « Je la vois toujours courageuse « et aimable avec tous ceux qu'elle reçoit, » me dit-elle ; « mais je m'aperçois qu'aussitôt qu'elle est seule, « elle se livre à une tristesse qui me désespère. »

Je rassurais la reine de mon mieux, mais je partageais ses craintes ; car la conversation que je venais d'avoir avec l'impératrice me prouvait qu'elle était blessée au cœur.

Le 23 mai, le roi de Prusse vint avec toute sa famille dîner à la Malmaison où j'étais revenue de Paris la veille avec le vice-roi. L'impératrice, dont la santé m'avait inquiétée les jours précédents, savait si bien prendre sur elle et dissimuler ses souffrances, qu'en la voyant si aimable et si brillante je fus entièrement rassurée. Les deux jeunes fils du roi de Prusse nous parurent fort gentils, même un peu espiègles.

Leur gouverneur, qui était, disait-on, un homme fort disitngué, s'était beaucoup occupé du jeune prince Napoléon dont l'intelligence l'avait frappé ; il ne cessait après dîner de conter à chacun toutes les répliques fines et spirituelles qu'il en avait reçues.

Ils étaient vraiment au-dessus de leur âge pour

mille choses ; et cela venait du soin que leur mère se donnait elle-même pour former leur caractère et développer leurs facultés. Comme ils avaient l'habitude de voir toujours des rois de leur famille, lorsqu'on annonça le roi de Prusse et l'empereur de Russie, ils demandèrent de suite à leur gouvernante s'ils étaient aussi leurs oncles, et s'ils devaient les appeler ainsi. « Non, leur dit-on, vous leur direz simplement sire. » On leur apprit que tous les rois qu'ils voyaient à présent, bien loin d'être leurs *oncles*, étaient venus à leur tour en vainqueurs. « Mais alors reprenait le prince Napoléon, ils sont donc les ennemis de mon oncle l'empereur ? Pourquoi nous embrassent-ils ? — Parce que cet empereur de Russie que vous voyez, est un ennemi généreux qui, dans votre malheur, veut vous être utile, ainsi qu'à votre maman. Sans lui le sort de votre oncle l'empereur serait encore bien plus malheureux. — Ainsi il faut donc que nous l'aimions, celui-là ? — Oui, certainement, car vous lui devez de la reconnaissance. » Le petit prince Louis, qui d'ordinaire parlait très peu, avait écouté en silence toute cette conversation. La première fois que revint l'empereur Alexandre, et qu'il le revit, il prit une petite bague que son oncle Eugène lui avait donnée, il s'avança sur la pointe des pieds près de l'empereur, et, tout doucement, pour que personne ne s'en aperçût, il lui glissa la bague dans la main, puis il s'enfuit à toutes jambes. Sa mère le rappela, et lui demanda ce qu'il venait de faire. « Je n'ai que cette bague, répondit l'enfant en rougissant et en baissant la tête avec embarras ; c'est mon oncle Eugène qui m'en a fait cadeau, et j'ai voulu la donner à l'empereur, puisqu'il est bon pour maman. » L'empereur Alexandre l'embrassa, mit la petite bague à sa montre, et dit avec émotion qu'il la porterait toujours.

C'est une habitude que ce jeune prince a toujours conservée d'aimer à donner tout ce qu'il possède.

L'empereur Alexandre et tous les souverains étrangers qu'ils voyaient journellement à la Malmaison, leur disaient toujours lorsqu'ils s'adressaient à eux : *Monseigneur* et *votre altesse impériale*, ce qui les étonnait beaucoup, leur mère ayant toujours voulu qu'on les traitât comme des enfants, avec amitié et sans cérémonie. Nous leur disions souvent : *mon petit Napoléon, mon petit Louis ;* elle voulait que tout autour d'eux servît à leur éducation, je n'ai jamais vu de mère aussi occupée que la reine de la crainte de voir ses enfants gâtés par les grandeurs. Je l'ai vue souvent les prendre tous les deux sur ses genoux, et causer avec eux pour former leurs idées sur toutes choses. La conversation était curieuse à entendre dans ce temps des splendeurs de l'empire, où ces deux charmants enfants étaient les seuls héritiers de tant de couronnes, que l'empereur distribuait à ses frères, à ses officiers, à ses alliés. Elle passait en revue tout ce qu'ils avaient besoin de savoir encore pour se suffire à eux-mêmes, pour se créer des ressources qui pourraient assurer leur existence.

« Si tu ne possédais plus rien du tout, et que tu
« fusses seul au monde, que ferais-tu, Napoléon,
« pour te tirer d'affaire ? — Je me ferais soldat, et
« je me battrais si bien qu'on me ferait officier. —
« Et toi, Louis, que ferais-tu pour gagner ta vie ? »
Le petit prince, qui n'avait pas cinq ans, et qui avait écouté très gravement tout ce qui venait d'être dit, sentant bien que le fusil et le sac, quelque petits qu'ils fussent, étaient encore au-dessus de ses forces, répondit : « Moi, je vendrais des bouquets de violettes comme le petit garçon qui est à la porte des Tuileries, et auquel nous en achetons tous les jours. »

Au premier bruit de l'entrée d'une armée ennemie sur le sol français, la reine avait voulu faire sentir à ses enfants combien ils devaient être sensibles à cette calamité publique.

Elle leur dit que s'ils étaient plus grands ils iraient défendre le pays et prévenir tant de maux, avec leur oncle, l'empereur. Elle s'affligea avec eux de ce que l'âge et la force leur manquaient encore pour cela. Il fut convenu que tant que la guerre serait sur le territoire français, ils se priveraient de dessert. Le prince Napoléon me l'apprit avec une sorte d'orgueil; il avait fait comprendre à son petit frère Louis, qui n'avait que six ans, que c'était les compter pour quelque chose, que de les associer au malheur commun.

L'impératrice Joséphine était toujours un peu souffrante ; elle avait pris beaucoup sur elle pour recevoir le roi de Prusse. Le lendemain 24, elle reçut les jeunes grands-ducs de Russie, Nicolas et Michel ; mais elle vint de temps en temps se reposer sur sa chaise longue et laissa sa fille faire les honneurs du salon. Ces deux jeunes gens, quoique à peu près du même âge que les princes de Prusse, étaient si grands de taille qu'on leur aurait donné quelques années de plus ; leur ton et leur politesse étaient si nobles et si remplis de bienveillance, qu'ils eurent le plus grand succès à la Malmaison.

Les grands-ducs allèrent voir les environs avec le prince Eugène. La reine demeura près de sa mère, qui se plaignait d'un peu de rhume ; elle voulait qu'elle restât couchée et ne descendît pas pour le dîner ; mais l'impératrice dit qu'elle ne soignait jamais un rhume, et descendit.

Le 25, j'arrivai le matin à la Malmaison ; je courus demander des nouvelles de l'impératrice.

Le 28, l'empereur Alexandre devait venir dîner à la Malmaison. Le prince Eugène était retenu dans sa chambre par un accès de fièvre très violent. La reine voulait faire prier l'empereur de remettre sa visite à un autre jour, mais il vint trop vite, et l'on n'en eut pas le temps. Dès qu'il arriva, elle le conduisit chez son frère, qui était couché, et retourna chez sa mère qui n'était pas levée non plus. A l'heure du dîner, elle la quitta pour descendre, sans aucune inquiétude, car le médecin de l'impératrice disait que ce rhume n'était rien.

Après le dîner, la reine dit à l'empereur qu'elle agissait avec lui sans cérémonie, et qu'elle le laissait pour retourner près de sa mère.

L'empereur Alexandre ne prolongea pas cette soirée ; il partit sans revoir la reine ni sa mère, et fort alarmé de l'état de cette dernière, dont pourtant personne de nous ne savait se rendre raison, puisqu'elle souffrait peu et n'avait pas de fièvre.

L'empereur de Russie seul était inquiet, parce qu'il avait, dans la journée, envoyé pour la voir son médecin, qui la trouva fort mal. La reine et le prince avaient fait appeler en consultation les plus fameux médecins de Paris, qui vinrent le soir et qui ne virent pas plus que les autres qu'elle avait une inflammation à la gorge, et qu'il n'y avait plus d'espoir ; ils déclarèrent au contraire que cette maladie serait longue ; alors la reine décida que chacun se partagerait pour veiller une nuit sa mère, et qu'elle voulait veiller la première nuit. Les femmes de l'impératrice étaient assez délicates ; celle qui était la plus forte, mademoiselle Avrillon, n'était pas alors de service ; on avait trouvé inutile de la faire avertir. Madame Charles était déjà anéantie ; la reine voulut l'envoyer se reposer et dit qu'elle resterait près de sa mère. Nous nous récriâmes toutes : c'était à qui voulait la remplacer ; mais elle résistait et nous répétait : « Les médecins disent que ce sera long ; il

« faut que chacune de nous conserve ses forces. »
« Mais, madame, vous avez passé toute la jour-
« née sur vos jambes au pied du lit de votre mère ;
« reposez-vous au moins cette nuit, dit madame d'Ar-
« berg. » La reine n'y consentit qu'en faisant veiller
sa première femme de chambre à elle, dont elle
éprouvait journellement les bons soins, qui était
forte, très dévouée, et qui, mieux qu'elle, pouvait
soigner une si chère malade ; d'ailleurs elle devait
venir la chercher au moindre symptôme alarmant.
Malgré cette assurance, la reine se leva dans la nuit
et vint plusieurs fois savoir si sa mère dormait. Sa
femme de chambre, qui accourait au-devant d'elle,
l'assurait que l'impératrice était bien, parce qu'elle
ne se plaignait pas et qu'elle paraissait ne pas souffrir, et on forçait la reine à retourner dans sa chambre. De bonne heure, le prince Eugène et sa sœur
entrèrent dans la chambre de leur mère ; l'altération
de ses traits les frappa à tel point, que le prince n'eut
plus d'espoir. Il emmena sa sœur pour entendre la
messe : c'était le jour de la Pentecôte ; ils descen-
dirent ensemble, et pendant qu'on disait en bas cette
messe, que des sanglots seuls interrompaient, en
haut, dans la chambre de l'auguste malade, l'abbé
Bertrand lui donnait les derniers sacrements, qu'elle
recevait avec calme et résignation. On avait envoyé
chercher le curé de Ruel ; mais on craignait qu'il
n'arrivât pas à temps. Aussitôt après la messe, les
enfants de l'impératrice remontèrent auprès d'elle,

convaincus qu'elle allait mourir ; elle tendit les bras à ses enfants ; elle voulait parler, on n'entendait plus un mot de ce qu'elle disait. A ce spectacle, la reine tomba roide par terre ; on l'emporta, sans connaissance, hors de la chambre. Le prince Eugène se mit à genoux près du lit de sa mère qui, au bout de quelques moments, expira dans ses bras.

Le prince se releva au désespoir ; il pensa à l'état où il avait vu sa sœur, et il s'arracha à ces restes précieux pour s'informer d'elle. Toutes les jeunes personnes de la maison de l'impératrice qui l'entouraient le suivirent pour aller porter secours à celle qui avait encore besoin de soins, et lui apprendre l'affreuse nouvelle !

Je restai avec madame d'Arberg près de celle qui n'existait plus ; j'osai approcher de cette tête, qui paraissait dormir avec calme et espérance. Je coupai ses beaux cheveux noirs, que je gardai comme un trésor à remettre à la reine. Le prince Eugène emmena sa sœur à Saint-Leu, où je les suivis bientôt après. L'impératrice expira le 29 mai, jour de la Pentecôte.

Aucune expression ne saurait peindre la douleur du prince et de la reine ; ceux qui ont connu la mère adorable qu'ils pleuraient peuvent seuls se l'imaginer.

L'empereur de Russie apprit la mort de l'impératrice peu d'heures après qu'elle eut lieu. Il m'écrivit quelques mots à l'instant pour m'exprimer tout son chagrin de cette perte et son inquiétude pour la reine ; il était inconsolable de ce malheur, et s'affligeait avec cette vive sensibilité que chacun lui a connue.

La mort de l'impératrice fut une calamité publique ; chacun était en larmes ; sa pauvre fille seule ne pouvait pas pleurer. Le prince Eugène, souffrant encore lui-même, oubliait sa souffrance et prenait sur lui pour ne s'occuper que de sa sœur ! Et qui pourrait avoir connu l'impératrice Joséphine, sa bonté, sa douceur, ce charme de sensibilité répandu sur toute sa personne, sans la regretter vivement ? On peut bien assurer que le malheur de l'empereur Napoléon l'a tuée. Renfermant alors ses craintes et ses chagrins, ses souffrances ont été au-dessus de ses forces : voilà la seule cause de sa mort.

Dans les premiers moments, les visites de Paris, les compliments de condoléance pleuvaient de toutes parts. La reine ne vit personne. Des douleurs de tête nerveuses, insupportables, l'absorbaient par des souffrances si vives, qu'elles lui faisaient presque oublier son propre malheur. Son frère, qui ne l'avait jamais vue dans des crises pareilles, s'en inquiétait beaucoup, moi-même je n'étais pas tranquille.

Les enfants de la reine allèrent à l'enterrement de leur grand'mère. L'empereur de Russie voulait y aller aussi ; mais le prince Eugène étant encore souffrant, et n'ayant pas eu la force d'y paraître, il n'y fut pas, et se fit représenter par le général Saken. J'appris que la paix avait été signée dans la nuit du lundi 30 au mardi 31 mai. La conférence s'était prolongée jusqu'au mercredi matin à onze heures. L'empereur Alexandre travaillait lui-même depuis longtemps à ce traité : il passait les nuits ; cette fois-ci encore il ne se coucha point. Sitôt qu'il fut libre, il m'écrivit pour m'annoncer son départ et prier qu'on voulût bien le recevoir sans cérémonie à Saint-Leu, où il comptait s'arrêter en partant. Il suppliait qu'on ne l'attendît pas, mais qu'on lui préparât simplement une chambre.

J'appris par les lettres de mes amis que les troupes russes quittaient Paris le mardi 2 juin. Elles se réunirent à neuf heures du matin au Champ-de-Mars, d'où elles se rendirent, par les boulevards, à Pantin ; là l'empereur Alexandre les passa en revue à la tête de tout son état-major, et leur fit ses adieux. Puis il revint à Paris pour s'occuper de son départ, et n'arriva à Saint-Leu que fort avant dans la nuit.

Le lendemain matin, le prince Eugène le mena faire une courte visite à sa sœur ; ils se promenèrent ensemble dans le parc jusqu'à l'heure du dîner. La reine, qui n'avait pas encore quitté son lit, se leva malgré son extrême faiblesse.

Son frère vint la supplier de dîner avec l'empereur et lui ; elle ne pouvait s'y décider. La vue de la robe noire dont il fallait qu'elle s'habillât lui semblait la confirmation de son malheur, et elle reculait avec effroi le moment où elle s'en revêtirait. Il fallut que son frère l'y forçât en quelque sorte. « Mon frère

Eugène », lui disait la reine, « je ne puis voir cette robe noire : si je la mets, je ne pourrai plus me faire illusion sur notre malheur et je ne pourrai parler d'autre chose à l'empereur. » « — Prends sur toi, Hortense », répondait le prince ; « je sais qu'il s'accuse en partie de l'affreuse perte que nous venons de faire, par sa coopération aux événements qui l'ont préparée ; en lui montrant notre douleur, il ne faut pas du moins la lui reprocher ; habille-toi et aie le courage de dîner avec lui et moi. »

La reine fit ce que son frère désirait ; mais cela lui coûta beaucoup, car elle était toujours saisie, et n'avait pas encore pu éprouver le soulagement de verser une seule larme. Après le dîner, toute la maison de la reine, qu'elle n'avait pas vue depuis son malheur, se réunit dans le petit salon où elle était avec son frère et l'empereur. Elle ne disait pas un mot, et semblait à peine entendre ce qui se disait autour d'elle.

L'empereur sortit un instant pour recevoir un courrier qui venait de lui arriver, puis il me fit appeler, et nous causâmes quelque temps. A sa tristesse s'était joint un air de mécontentement et de contrariété ; il tenait à la main un papier qu'il me remit. « Tenez », me dit-il, « voici enfin les lettres-patentes du duché de Saint-Leu. Je sens qu'elles sont devenues sans intérêt pour la reine dans ce moment affreux pour elle, et je n'ose pas les lui présenter moi-même. Quand elle sera mieux, vous les lui donnerez ; elle sentira que si la mort de sa mère lui ôte le puissant mobile qui la fixait en France, il reste encore au moins l'intérêt de ses enfants, qu'elle ne doit pas négliger. » Et il ajouta ensuite : « Je ne puis vous exprimer à quel point je suis mécontent de la mauvaise grâce que l'on a mise à tout cela. Il a fallu que j'arrachasse, en quelque sorte, cet acte de justice et de réparation. La reine n'en doit de reconnaissance à personne, et je la prie en grâce de n'en point faire de remercîment. Je n'ai pas besoin de vous engager à la soigner, je connais votre attachement pour elle. Je vais attendre son frère à Vienne ; j'ai trop promis à cette chère impératrice d'être leur ami, leur soutien, pour ne pas me croire engagé à faire toujours pour eux tout ce qui dépendra de moi. »

Il partit dans la nuit pour l'Angleterre. Malgré la défense expresse qu'il avait faite que personne ne se dérangeât pour lui, le prince Eugène et moi nous nous levâmes pour lui dire encore adieu, et ce fut avec un serrement de cœur bien pénible que je saisis un moment favorable pour remettre à la reine ses lettres-patentes, et pour lui répéter tout ce que l'empereur Alexandre m'avait chargé de lui dire.

« Je ne voulais avoir d'obligation à personne », me répondit-elle. « L'empereur, en me forçant à
« accepter ses bons offices, m'a mis dans la nécessité
« d'en contracter avec ceux qui règnent aujourd'hui ;
« puisque j'accepte la fortune qu'on me laisse, je
« dois en remercier et je le ferai, quoi qu'en dise

« l'empereur de Russie. Ma mère n'existe plus, mon
« frère va me quitter, l'empereur Alexandre oubliera
« nécessairement toute cette protection tant promise,
« et me voilà seule, avec deux jeunes enfants, à lutter
« contre toute cette animosité, toute cette irritation
« que je vois éclater journellement contre le nom
« que je porte.

« Ah ! je crains bien d'avoir à regretter la réso-
« lution qu'on m'a entraînée à prendre. L'amour que
« j'ai pour mon pays compensera-t-il tous les tour-
« ments que je prévois ? »

La pauvre reine ne voyait que trop juste, et ses
craintes ne se sont que trop réalisées.

Pendant les premiers temps qui suivirent la mort
de l'impératrice Joséphine, la foule des visites ne dis-
continuait pas de Paris à Saint-Leu. La route était
couverte de voitures élégantes et d'hommes à cheval.
Les *coucous* même y arrivaient aussi, remplis de
bons bourgeois qui voulaient, comme les grands
seigneurs, apporter aux enfants de l'impératrice le
tribut de leurs regrets.

Aussitôt que la santé de la reine le lui permit,
elle voulut recevoir tous ces compliments de condoléance. On faisait cinq lieues pour venir la voir, et
elle sentait qu'elle ne pouvait se soustraire plus longtemps à l'obligation d'en témoigner de la reconnaissance. Dans la situation de corps et d'esprit où elle
était, c'était une grande fatigue pour elle que de voir
du monde ; aussi elle venait passer quelque temps

dans les salons de réception, et, lorsque les forces lui manquaient, elle retournait dans ses appartements pour se reposer de l'effort qu'elle avait fait. Nous restions, madame de Boubers et moi, avec la société jusqu'à ce que tout le monde fût parti.

Je ne dois pas passer sous silence la naïveté d'une femme réputée spirituelle qui s'attendrissait tout haut, dans le salon, sur la mort de l'impératrice Joséphine. « Quelle femme intéressante, disait-elle, quel « tact, quelle bonté, quelle mesure dans tout ce « qu'elle faisait ! Enfin, c'est encore du bon goût à « elle que de mourir dans ce moment-ci. » En effet, cet *esprit d'à-propos* de la pauvre impératrice mettait beaucoup de gens à leur aise, et la dispensait de voir bien des monstruosités d'ingratitude.

Peu à peu tout ce mouvement de la capitale se calma, et il ne parut plus à Saint-Leu que les amis véritables, ou ceux qui voulaient le paraître.

La succession de l'impératrice fut représentée dans les journaux comme étant de douze millions. Il n'était pas difficile de deviner dans quel but ces mensonges étaient faits, et ils ajoutaient à l'embarras du prince et de la reine qui se trouvaient forcés de renvoyer tant de gens qui avaient servi leur mère, et de cesser des pensions qui n'allaient pas à moins de 300.000 francs par an. Ils pensèrent un instant à faire rectifier ces faux bruits. J'avais déjà écrit à M. Deschamps, secrétaire des commandements de l'impératrice, pour qu'il fît l'oraison funèbre de cette princesse si digne de tous les éloges qu'on aurait pu lui donner ; mais M. l'archevêque de Baral, premier aumônier de l'impératrice, avait tenu à la faire.

On répétait avec intention les mêmes phrases sur les *immenses richesses* que laissait l'impératrice. Le prince Eugène, incertain s'il ferait répondre, finit par dire : « Qu'importe ? si elle n'avait pas été aussi
« généreuse, sa position pouvait bien lui permettre
« d'avoir de la fortune ; ainsi ces propos ne peuvent
« nuire à notre mère, et cela ne vaut pas la peine
« d'être démenti. »

La reine approuvait tout ce que son frère décidait ; jamais il n'y avait la plus petite discussion dans leur partage ainsi que dans le bien à faire que l'un ou l'autre proposait.

Comme la reine ne se sentait pas le courage de revoir les objets qui avaient appartenu à sa mère, je fus chargée de faire des lots de toute la toilette de l'impératrice pour les partager entre les femmes de chambre et les jeunes demoiselles à marier. Le prince et la reine me firent l'honneur de me comprendre dans cette distribution, ainsi que la femme de chambre de la reine qui avait veillé la dernière nuit près de sa mère. Je fis donc ces partages, le prince ni la reine ne voulant pas qu'on vendît à l'encan les choses qui avaient appartenu à l'impératrice ; et pourtant ainsi distribués à tout le monde, beaucoup de ces objets eurent ce sort.

Les hommes d'affaires disaient que, puisque l'impératrice laissait beaucoup de dettes, il serait très avantageux de tout vendre à l'enchère ; que les Parisiens seraient heureux d'avoir quelque chose qui eût appartenu à cette bonne princesse, et qu'ils auraient sûrement porté très haut tout ce qui venait d'elle. Mais ses enfants, qui croyaient leur sort assuré, ne voulurent pas y consentir.

Ils se partagèrent les pensions à conserver. La reine en eut pour 20.000 francs par an, sans compter celles qu'elle conservait parmi son monde. Pour pouvoir donner des gratifications à une maison si considérable qui se trouvait dissoute, la reine et le prince donnèrent chacun cent mille francs qu'ils furent forcés d'emprunter, puisque, depuis plusieurs mois, ils ne recevaient plus rien du trésor. Le prince mit en gage les bijoux qui lui revenaient de sa mère, afin de se procurer cette somme et celle qui lui était nécessaire pour se rendre à Vienne, où il devait aller au congrès savoir enfin son sort si formellement assuré par les traités, et réclamer aussi ses biens d'Italie qui avaient été mis sous le séquestre.

Toutes ces distributions faites avec tant de générosité ne satisfirent cependant personne. Les enfants de l'impératrice ne possédaient plus rien ; ils donnaient d'une main ce qu'ils recevaient de l'autre, et, l'on ne s'en contentait pas. On prétendait davantage. On ne pouvait s'habituer à ne plus voir en eux ces souverains si généreux ; les chambellans eux-mêmes réclamaient des pensions.

La Malmaison était la seule propriété de l'impératrice ; c'était une charge et non un revenu. Elle fut abandonnée au prince qui se chargea ainsi des dettes. Navarre était un majorat qui retournait aussi au prince ; mais l'empereur n'avait pas encore attaché les bois qui environnaient ce lieu au majorat, comme il l'avait fait pour les enfants de la reine, à Saint-Leu. Ainsi l'impératrice n'avait que la jouissance de ces bois, et à sa mort ils retournèrent à l'État.

Ce qu'il y avait de plus curieux dans toutes ces affaires d'intérêt, c'est qu'on peut bien dire que les battus payèrent l'amende : nos princes en furent la preuve. Ils mettaient de la délicatesse en tout, et on en usait avec eux, malgré les traités, comme on fait en pays ennemi, en les volant impitoyablement.

Par le traité d'avril et la création du duché, on accordait 400.000 francs de rente ; on n'était donc autorisé qu'à reprendre ce qui dépassait cette somme, et au lieu de cela on s'emparait et des revenus particuliers, et des rentes, et de tous les bois qui convenaient, mais sans rien rendre du tout. Il ne restait plus à la reine, pour vivre, puisqu'on s'appropriait toute sa fortune, qu'une faible partie des bois qui lui avaient appartenu.

Cependant, il se préparait pour la reine un moment bien pénible, c'était le départ de son frère. « Ah, mon Dieu ! disait-elle, tant qu'il a été près de « moi, je me sentais encore un appui. »

Le prince ne rassurait guère sa sœur. « Mainte-

« nant que ma mère n'existe plus, lui disait-il, je
« comprends l'isolement de ta position, et je vois
« que malheureusement les Bourbons sont rentrés
« en France avec trop de haine pour que tu puisses
« vivre tranquille au milieu de ce parti si exalté.
« Je vais à Vienne pour réclamer la principauté qui
« m'est promise ; quand le lieu sera décidé, ce que
« tu auras de mieux à faire ce sera de venir vivre
« avec moi. Tu seras heureuse, au milieu de ma
« jolie petite famille, et une vie douce et tranquille
« remplacera pour toi tous les tourments d'une vie
« agitée. Si le congrès de Vienne est retardé, j'irai
« avec ma femme te rejoindre aux eaux d'Aix où ta
« santé t'appelle. »

Cet espoir d'avenir souriait à la reine et lui fit supporter avec plus de résignation le départ de son frère.

La reine n'avait conservé près d'elle que madame de Boubers, qui était chargée de conduire toute sa maison, et qui reprenait aussi ses anciennes fonctions de surveillante des princes ; l'abbé Bertrand leur donnait des leçons, et mademoiselle Elisa, fille du comte de Courtin, et moi, nous étions toutes deux chargées de faire les honneurs du salon.

Cette jeune Elisa avait été abandonnée par sa mère depuis le temps de l'émigration. La maîtresse de pension l'avait gardée longtemps sans aucun paiement ; mais elle finit par témoigner à la jeune fille combien lui était à charge tout ce qu'elle lui coûtait.

Elisa, qui était très fière, sentit avec tant d'amertume son affreuse position qu'elle tenta de mettre un terme à sa pénible existence. Elle mit des gros sous dans un verre d'eau, et après quelques heures elle l'avala avec le vert-de-gris qui s'y était formé. On s'aperçut à temps de ce qu'elle avait fait, toute la pension fut en alarme, et l'on employa tous les moyens pour la sauver. On y parvint. Mais il fallait lui trouver une protection. Les jeunes pensionnaires se réunirent, tinrent conseil, et eurent l'idée d'écrire à la princesse Hortense, pour la prier de se charger de cette jeune fille que l'émigration de ses parents laissait sans famille, sans appui, sans secours.

La reine s'empressa de répondre et d'accepter cet héritage du malheur. Elle plaça près de madame Campan cette jeune abandonnée, dont elle devint dès ce moment la seule protectrice. Elle voulait assurer son sort et s'occupait avec sollicitude de son avenir. L'étiquette de la cour de l'empereur ne permettait d'avoir pour dames que des femmes mariées.

Pendant l'exil de madame de Staël, la reine s'était beaucoup intéressée pour la faire revenir à Paris. Elle avait reçu son fils à différentes reprises ; et comme elle avait de l'amitié pour madame Récamier, dont elle était au moment d'obtenir le rappel, ces dames, qui n'ignoraient pas ses bons offices, avaient demandé à venir la voir pour l'en remercier. La reine leur fit répondre en les engageant à venir dîner à Saint-Leu.

Elle me demanda conseil sur les personnes de sa société qu'elle pourrait inviter comme étant agréables à ces dames, et dignes, par leur esprit, de tenir tête à madame de Staël.

« Je ne me sentirais pas le courage de faire de « grands frais, me dit-elle ; quand on a du chagrin, « on a peu de présence d'esprit, et ma paresse se « trouvera bien d'avoir recours à d'autres. »

Nous passâmes en revue beaucoup de gens très aimables, et je m'amusais à dire à chaque nom : « Il est trop bête. » La reine en riait, et finit par envoyer des billets d'invitation à MM. de Ségur, de Lavalette, de Labédoyère, de Flahaut, etc., etc. Ces messieurs ne purent venir, mais nous eûmes MM. de Latour-Maubourg, de Lascours, de Canouville, et la duchesse de Frioul.

Madame Récamier, encore jeune, fort jolie, avec son air naïf, me fit l'effet d'une jeune première, victimée par une duègne trop sévère ; son air doux et timide contrastait avec l'assurance trop masculine de sa compagne. La figure de mulâtre de madame de Staël, sa toilette originale, ses épaules entièrement nues, qui auraient été belles l'une ou l'autre, mais qui s'accordaient si mal entre elles ; tout cet ensemble me parut réaliser bien peu l'idée que je m'étais faite de l'auteur de *Delphine* et de *Corinne*.

Après les premiers compliments, la reine proposa à ces dames de voir son parc. On se plaça dans ce grand char-à-bancs, en canapé, devenu historique par tous les gens distingués qui, tour à tour, s'y étaient promenés.

Comme on allait au pas dans le parc et dans les bois de Montmorency, la conversation se poursuivait comme dans le salon, et dans cette circonstance les frais d'esprit allèrent leur train. Puis on admirait la belle vue de cette contrée qui ressemble un peu à la Suisse.

Ce grand char-à-bancs de la reine était préféré à toutes les plus belles voitures (quoiqu'il consistât simplement en deux bancs de bois recouverts de coutil), parce qu'il était des plus favorables à la conversation. Mais il ne garantissait nullement de l'orage, et nous en fîmes bientôt l'épreuve. La pluie arriva, et nous fûmes toutes très mouillées.

Un appartement fut préparé dans le château et offert à ces dames pour qu'elles pussent un peu se remettre de l'orage que nous venions d'essuyer. Je restai avec elles assez longtemps, retenue par les questions dont madame de Staël ne cessait de m'accabler sur la reine et sur ses fils. On ne faisait plus d'esprit maintenant : on se nettoyait, on se refrisait, on se reposait avec un entier abandon de tous les frais d'amabilité dont je venais d'être témoin un instant auparavant. Je me disais : Les voilà pourtant, comme tout le monde, revenues à la simple nature, femmes célèbres qu'on reçoit avec tant d'apprêts et qu'on recherche en tous lieux. Les voilà mouillées comme moi, et tout aussi peu poétiques.

Des voix se firent entendre au bas des fenêtres, un accent allemand se faisait distinguer parmi les autres, et ces deux dames s'écrièrent à la fois : « Ah ! c'est le prince Auguste de Prusse. » Personne dans la maison ne se doutait que le prince dût venir, et sa rencontre avec ces dames eut l'air d'être l'effet du hasard. C'était si près de l'heure du dîner, qu'il fut tout naturellement invité à y rester. C'était sans doute tout ce qu'il désirait.

Le prince fut placé à la droite de la reine et madame de Staël à sa gauche. Le domestique de cette dernière avait mis sur sa serviette une petite branche d'arbre qu'elle avait l'habitude de tourner dans ses doigts pendant qu'elle parlait. La conversation fut très animée, et c'était fort drôle de lui voir toujours rouler cette petite branche en gesticulant. On aurait pu supposer qu'une fée lui avait donné ce talisman, et qu'à cette branche tenait tout son génie.

Madame de Staël me causait une surprise extrême, moins encore par l'éclat de son génie que par la gravité avec laquelle elle traitait de questions qui, pour les femmes, n'étaient pas de mode de notre temps. Les discussions de salon roulaient toujours sur la métaphysique, la morale, le sentiment, l'héroïsme, etc. ; l'empereur absorbait seul toute la politique.

Madame de Staël parla à la reine de sa romance *Fais ce que dois, advienne que pourra.* « Dans mon « exil, que vous avez tant cherché à faire cesser, je

« chantais cette romance en pensant à vous. » Alors son expression était si remplie de sentiment que je la trouvai belle. Ce n'était plus la femme d'esprit, c'était la femme de cœur, et je concevais alors qu'on fût entraîné vers elle.

Ensuite elle eut avec la reine une longue conversation sur l'empereur. « Pourquoi donc m'en voulait-il tant ? disait-elle à la reine. Il ignorait donc à quel point je l'admirais !... Je veux aller à l'île d'Elbe, je veux le voir. Croyez-vous qu'il me reçoive ? J'étais née pour l'adorer cet homme-là, et il m'a repoussée ! »

Madame de Staël s'occupa beaucoup aussi des jeunes princes. C'était peut-être pour connaître la portée de l'esprit de ces enfants qu'elle les accabla de questions peu mesurées. « — Aimez-vous votre oncle ? — Beaucoup, madame. — Aimeriez-vous la guerre comme lui ? — Oui, si cela ne faisait pas tant de mal. — Est-il vrai qu'il vous faisait répéter souvent la fable qui commence par ces mots : *La raison du plus fort est toujours la meilleure ?* — Madame, il me faisait souvent dire des fables, mais pas plus celle-là qu'une autre. »

Le jeune prince Napoléon, dont l'esprit était étonnant et le jugement précoce, répondait à tout avec mesure, et lorsque cet interrogatoire fut fini, il se retourna vers madame de Boubers et vers moi en nous disant : « Cette dame est bien questionneuse. Est-ce que c'est cela qu'on appelle de l'esprit ? »

Le temps approchait où la reine devait aller prendre les eaux, et où le projet de se réunir à son frère et à sa belle-sœur allait s'exécuter. Le congrès de Vienne qui était retardé en donnait la possibilité au prince Eugène, et les eaux d'Aix, en Savoie, avaient été désignées comme le lieu du rendez-vous parce qu'elles étaient depuis longtemps nécessaires à la santé de la reine.

On apprit bientôt que l'impératrice Marie-Louise, à qui la reine les avait si souvent vantées, avait obtenu la permission d'y aller. Ce pays faisant encore partie de la France, cela avait été une affaire que de l'y laisser venir. M. de Blacas envoya chercher Boutikim, et lui dit que la cour verrait avec peine que la reine allât se réunir à sa belle-sœur l'impératrice, et que si elle voulait donner une preuve de son désir de ne troubler en rien le gouvernement, elle renoncerait à ce voyage.

« Ah ! mon Dieu, dit la reine, quand je lui ren-
« dis compte de ce message, voilà un gouvernement
« qui se montre bien fort en redoutant l'entrevue de
« deux femmes, dont l'une, au milieu de sa puis-
« sance, n'a pas essayé de défendre la couronne
« qu'elle portait ; l'autre, n'aspire qu'au repos. En-
« fin, je vais écrire à mon frère que j'irai à Plom-
« bières, et qu'il peut venir me voir là. Ma santé
« seule en souffrira, car les eaux d'Aix m'étaient
« bien recommandées. »

Notre départ pour Plombières fut décidé. La reine

avait beaucoup balancé à se séparer de ses enfants qu'elle aurait voulu emmener avec elle et qu'elle quittait avec chagrin. Le duc de Vicence avait été consulté. « Leur sort est fixé en France, avait-il dit,
« il faut habituer à les y voir. Si la reine les emmène,
« qui sait si on ne les empêchera pas d'y rentrer et
« si l'on ne s'emparera pas entièrement du duché
« de Saint-Leu qu'on a eu tant de peine à obtenir,
« et dont on met tant de lenteur à compléter les
« revenus. On ne va pas franchement avec la reine,
« elle doit donc se méfier des intentions qu'on a pour
« elle, et ne donner aucune prise à ses ennemis. »

A propos de tous ces conseils, la reine me disait quelquefois : « Cela me paraît étonnant qu'on dise
« mes *ennemis*. Comment ai-je pu en avoir, moi
« qui regardais comme mes amis tous ceux qui souf-
« fraient ; moi qui me trouvais si heureuse de leur
« être utile ! je n'avais pas d'ennemis dans ce temps-
« là. La puissance est une chose meilleure que je ne
« croyais. »

C'est ainsi que me parlait souvent cette bonne reine.

Je voyais avec peine la reine s'endormir sur ses intérêts. Vainement elle avait diminué beaucoup sa maison, elle était encore trop considérable pour les ressources qui lui restaient. Croyant que l'on pouvait vivre avec rien, ayant besoin de si peu pour elle-même, son indifférence dans les affaires d'argent allait jusqu'à l'imprévoyance.

Le gouvernement du nouveau roi avait saisi ses rentes, ses arriérés dus par le Trésor.

En attendant, il fallait vivre, et pour se procurer l'argent nécessaire, la reine n'avait qu'un seul moyen, c'était de se défaire des objets précieux qu'elle possédait. Le vice-roi et la reine voulaient aussi vendre tout de suite les tableaux de la Malmaison, pour payer les dettes de leur mère.

Je reviens à notre départ de Saint-Leu. Plus le moment en approchait et plus les angoisses de la reine augmentaient à l'idée de se séparer de ses enfants.

Elle les laissait avec madame de Boubers, qui les soignait comme une seconde mère, sous la garde de M. Devaux, qui ne devait pas les quitter d'un instant, et sous la surveillance du bon abbé Bertrand, qui donnait des leçons de latin à l'aîné, et qui montrait à lire au cadet. Ces deux messieurs étaient les seuls hommes que la reine eût conservés de son ancienne maison. Leur prudence, leur zèle, leur dévouement étaient garants qu'ils sauraient mettre à l'abri de toutes les chances fâcheuses les trésors précieux qui leur étaient confiés.

Laissant les seuls hommes dont elle pût disposer à ses enfants, la reine allait être obligée de voyager seule avec moi, elle qui n'avait jamais fait un pas sans des officiers, de nombreux serviteurs. Deux femmes de chambre, deux domestiques, un courrier dévoué, allaient seuls composer toute sa suite. Ses amis s'en alarmaient pour elle, dans un temps de passion où tant de partis exagérés pouvaient lui susciter des ennuis.

Nous partîmes de Saint-Leu le 25 juillet au soir Nous tournâmes Paris pour gagner la route de Plombières, escortées par MM. de Flahaut et de Labédoyère, qui étaient venus faire leurs adieux à la reine et qui l'accompagnèrent à cheval jusqu'à Saint-Denis, où ils la quittèrent, non sans faire quelques instances pour qu'elle leur permît de l'accompagner plus loin. Elle les remercia, et son dernier mot fut : « Veillez sur mes enfants. »

J'étais avec la reine dans sa berline, deux femmes de chambre suivaient dans une calèche et je comparais ce modeste cortège à ceux si brillants des nombreux voyages que j'avais faits naguère avec elle. Ces beaux équipages, ces riches uniformes, cette foule empressée, tout avait disparu, excepté les douces vertus de celle qui méritait tant d'hommages, qui restait seule, mais forte et plus grande que son malheur.

C'était la première fois que la reine voyageait si peu entourée, elle s'en faisait un plaisir. Tout ce grand entourage que je regrettais pour elle ne lui avait jamais plu. Elle jouissait, comme un enfant, des plus petits incidents d'un voyage. Étions-nous mal logées, mal nourries, elle n'en faisait que rire. Tout était bon, elle n'était difficile en rien. La vue d'une belle nature lui causait une émotion qu'elle aimait à exprimer tout haut.

La reine emmenait aussi avec elle la jeune mademoiselle de Caumont, qui avait été attachée à l'impératrice Joséphine, que la vice-reine prenait pour dame près d'elle, et que sa belle-sœur s'était chargée de lui amener. Une de ses compagnes, mademoiselle Decazes, venait d'être mariée et dotée par le prince Eugène et par la reine.

L'habitude devient une seconde nature, dit-on. Quand la nuit arriva, la reine, si peu escortée, et qui voulait voyager la nuit tout en jouissant de sa liberté, finit par s'en trouver presque effrayée. Après avoir traversé Épinal, dans une montagne des Vosges où nous allions au pas, puisqu'on montait, un homme s'approcha de la voiture et eut l'air de regarder dedans pour s'assurer de ce qu'elle contenait. « Est-ce « que ce serait un voleur ? dit la reine, il a des « manches blanches et des bretelles ; c'est le costume « classique des brigands. » Et tout en riant je crois qu'elle n'était pas trop rassurée, car elle tira bien vite tous les stores de la voiture pour qu'il ne vît pas que nous n'étions que des femmes. Moi, qui suis poltronne par nature, je ne pus pourtant retenir un grand éclat de rire du costume obligé que la reine accordait aux voleurs. S'il est vrai que celui-ci en fût un, il était seul, et en voyant deux voitures et deux domestiques, il n'eut certainement pas l'envie de nous attaquer.

Nous arrivâmes à Plombières. Nous n'y trouvâmes de connaissance que la famille de Saint-Aulaire, la famille de Bassano, le général Delaborde et sa femme.

J'aimais si tendrement cette charmante duchesse de Bassano, que je me sentais heureuse de la revoir. Le duc se trouvait dans une position politique qui lui imposait une grande retenue ; j'ignore si son intention était de prendre les eaux de Plombières ; mais il alla bien vite à celles de Luxeuil, et j'ai toujours pensé que notre arrivée avait été la cause de son départ.

Le brave général Delaborde prenait les eaux pour sa santé, altérée depuis longtemps, et pour se remettre de tant de fatigues et de blessures. Il était entièrement courbé et, marchant avec peine, il formait un grand contraste avec sa jolie et intéressante femme, qui lui prodiguait mille soins et avait plutôt l'air de sa fille.

Quant à M. et madame de Saint-Aulaire, c'était un ménage que la reine aimait beaucoup. Leur grâce, leur ton, leur esprit lui plaisaient.

Madame de Rémusat, dont l'esprit brillant, l'instruction solide, sont connus de tout le monde et dont la supériorité ne peut être contestée par aucune femme, était dame du palais de l'impératrice Joséphine, et professait pour elle un vif attachement et un dévouement sans bornes, auquel le divorce même n'avait pas porté atteinte. Il est vrai qu'elle lui devait beaucoup ; l'impératrice avait pour sa famille une affection toute particulière. Mesdemoiselles de Vergennes étaient deux sœurs ; la révolution les avait laissées sans ressource, mais recommandées par le nom de leur père. M. de Rémusat avait épousé l'aînée ayant encore à se faire à lui-même une position. Instruit de son mérite, malgré d'inexplicables répugnances, le premier consul le nomma préfet du palais, et fut fort satisfait de ses services, puisqu'il le choisit par la suite pour premier chambellan. Mais d'abord ses préventions avaient été si vives qu'il répondit aux instances de madame Bonaparte : « Quels services « a-t-il rendus ? qu'a-t-il fait pour être près du chef « de l'État ? »

Au retour des Bourbons, madame de Rémusat fut saisie, comme tant d'autres, de cet enthousiasme improvisé qu'inspirent toujours les nouveaux pouvoirs, et, dans l'exaltation de ses sentiments, elle vint trouver l'impératrice Joséphine pour lui conseiller de faire une démarche auprès des Bourbons. Elle lui apportait une lettre toute faite qu'elle n'avait plus qu'à signer. Cette lettre était telle que la reine, à qui sa mère la montra, n'aurait jamais pu s'imaginer que ce fût une personne de tant d'esprit, de cœur et de tact qui en proposât une pareille. Elle faisait parler l'impératrice comme une personne qui ne savait pas ce qu'elle avait été en France, ni ce qu'elle se devait à elle-même.

L'impératrice refusa de signer cette lettre, et ne suivit pas les conseils qu'on lui donnait si hors de propos. Il arriva qu'on accusa la reine d'avoir influencé cette noble détermination de ne pas vouloir s'abaisser devant les Bourbons.

C'est alors que commença contre l'impératrice Joséphine et la reine Hortense ce déchaînement qui ne s'arrêta plus. On se mit à déclamer sur leur prétendue ambition, sur leur vanité de vouloir conserver des titres qui ne pouvaient plus leur appartenir et mille autres choses aussi injustes et aussi dépourvues de fondement.

Cette pauvre impératrice a quitté ce monde bien à propos pour déjouer les mauvaises intentions de ses ennemis. On allait s'attaquer plus directement à elle, car on disait déjà qu'elle payait les ouvriers des faubourgs pour s'ameuter contre le gouvernement.

La reine, qui se croyait moins importante que sa mère, espérait qu'on voudrait bien l'oublier, et que ce commencement de malveillance ne retomberait pas sur elle. Mais elle gênait tant de gens.

Il y avait tant de personnes de sa cour, de celles de l'empereur et de l'impératrice qui se trouvaient sans place, que c'était comme une frénésie pour en obtenir des nouvelles. Des dames du palais, des chambellans de l'empereur, de l'impératrice ou des reines, croyaient avoir des droits à être placés à la nouvelle cour, et chacun s'en allait ouvertement quêter une place comme leur étant due par leurs services. On aurait dit qu'ils étaient une partie obligée de cette liste civile qui passait en d'autres mains, ou qu'ils étaient de l'espèce de ces animaux domestiques qui s'attachent aux maisons et non à ceux qui les habitent. Il semblait qu'on aurait dû les mettre sur l'inventaire des meubles du palais.

Il n'y avait pas jusqu'aux femmes de chambre qui étaient assez bêtes pour croire que la duchesse d'Angoulême les aurait prises près d'elle, et qu'elles y avaient des droits, puisqu'elles avaient servi la famille impériale.

J'ai vu des personnes que je connaissais particulièrement, qui, de la meilleure foi du monde, croyaient que tout dépendait d'elles, et qu'elles avaient le choix : « Je préfère me placer près du duc « d'Orléans, cela me convient davantage que d'être « près des autres Bourbons », me disaient-elles.

Un cocher, un coiffeur, un cuisinier, cela se conçoit ; ce sont des talents qui sont au plus offrant ; mais des dames ! des officiers ! cela paraît incroyable.

Après tous ces désordres de la révolution, on avait vu quelquefois la famille impériale s'attacher des malheureux qui n'avaient été coupables que d'avoir servi fidèlement leurs maîtres. Par exemple, la reine avait pour maître d'hôtel Basinet, qui n'avait jamais servi que mesdames de France, qui les avait suivies en pays étranger, et qui n'était revenu en France qu'après leur mort. Comme la reine n'avait jamais eu aucune haine contre personne, elle l'avait pris à son service précisément parce qu'il avait été honnête homme.

Mais ici les circonstances étaient différentes, et lorsque je contais à la reine toute l'indignation que m'inspirait un tel manque de dignité et de reconnaissance, elle me disait : « C'est qu'ils ne com-
« prennent pas leur position ; ils la comprendront
« quand ils se verront repoussés et supplantés par
« l'émigration. »

La reine disait juste. Au lieu de les prendre près de soi, on les envoyait promener, et ils en demeuraient tout étonnés comme d'une injustice.

Ah ! je n'aime pas à me rappeler ce temps-là, et pourtant, je ne suis encore qu'au commencement de toutes les infamies qui me l'ont rendu odieux.

A Plombières, nos journées se passaient dans le calme et la solitude.

La reine sortait à pied, seule avec mademoiselle de Caumont et avec moi. Tout en faisant nos promenades moins longues qu'autrefois, nous leur trouvions encore de l'intérêt. Chaque pas que faisait la reine réveillait en elle un souvenir doux et triste qu'elle aimait à exprimer sans contrainte. Elle était venue plusieurs fois à Plombières ; la première, c'était pendant la campagne d'Égypte. Elle était partie de Saint-Germain dans tout l'éclat de la jeunesse, de la gaieté et des espérances de son âge. Elle nous montrait le balcon qui s'était écroulé sous les pieds de sa mère. La place où cette mère chérie était tombée et avait failli périr. Elle se rappelait quelles actions de grâces elle avait rendues au ciel pour une conservation si miraculeuse, et le bonheur qu'elle avait éprouvé en la voyant rétablie.

La dernière fois qu'elle était venue à Plombières, c'était à l'apogée de la gloire de l'empereur, en 1809. La reine était avec l'impératrice. Là, M. de Labédoyère était venu annoncer la bataille de Rabb gagnée par le prince Eugène ; ici, c'était un page qui, envoyé en courrier par l'empereur, avait appris la victoire de Wagram, qui finissait la guerre. Tous ces lieux, remplis de souvenirs, étaient religieusement visités par nous. Le père Vincent ne fut point oublié non plus, et ce fut avec des transports de joie bien sincères qu'il revit sa bienfaitrice.

Le père Vincent avait été fier et heureux de recevoir la reine autrefois dans sa modeste demeure. Dépouillée de toutes ses grandeurs, de tout son entourage brillant, il éprouvait le même bonheur, le même orgueil à la recevoir encore.

Il en était de même dans toutes les cabanes que nous visitions et où nous étions reconnues au premier coup d'œil ; nulle part le souvenir des bienfaits n'était effacé, rien n'était changé dans ces cœurs simples et vrais.

La reine attendait avec une grande impatience l'arrivée de son frère et de sa belle-sœur, lorsque M. Cornaro, aide de camp du prince, arriva avec des lettres pour elle. L'une était du prince Eugène qui était aux eaux de Bade, et l'autre de la grande duchesse de Bade. Ils engageaient tous deux la reine à venir les rejoindre. Ils insistaient surtout beaucoup, de la part du roi et de la reine de Bavière, qui seraient charmés de voir la reine venir se réunir à eux.

Elle fut un peu contrariée de ce changement. Cette solitude où nous vivions à Plombières lui plaisait davantage que ce grand monde qui se trouvait réuni à Bade ; mais la crainte de causer une contrariété à son frère et à sa sœur, en insistant pour qu'ils vinssent à Plombières, l'emporta sur sa répugnance, et elle se décida à partir.

Elle congédia M. Cornaro en lui donnant pour réponse qu'elle se mettrait en route dans deux ou trois jours. Elle voulait, avant de partir, aller revoir les deux endroits qu'elle aimait de prédilection et qu'elle visitait souvent dans ses premiers voyages à Plombières. C'était le val d'Ajou et la vallée d'Érival. On portait là son dîner, on prenait une charrette à bœufs, et, assis sur de la paille, on descendait dans ces vallées qui sont vraiment pittoresques et mélancoliques.

« Je me figure toujours, me disait la reine, que
« les passions haineuses ne peuvent arriver dans
« ces lieux. On y vit avec de bonnes gens qui vous
« savent gré du peu de bien que vous pouvez leur
« faire. Là, il n'y a pas d'ingrats. » Et elle récitait cette tirade de Zaïre qui finit par ce vers :

Obligés de s'aimer, sans doute ils sont heureux.

En entendant ces vers que madame Campan lui avait appris dans ce temps heureux de Saint-Germain, et qu'elle disait d'une manière si remarquable, je pensais à tant de grandes choses passées depuis ce temps où l'on admirait la jeune élève de Saint-Germain. Que de succès encore plus brillants depuis ! que de puissance et de grandeurs anéanties !

Aujourd'hui, cette reine qu'une tempête affreuse venait de frapper, seule dans une vallée des Vosges, oubliait la couronne qu'elle avait portée, trouvait un plaisir mélancolique à revoir une nature sauvage, habitée par des gens qu'elle se figurait heureux, et à reposer ainsi son imagination des scènes terribles, des déceptions amères qu'elle venait d'éprouver.

Nous nous mîmes de nouveau en voyage dans le même ordre où nous étions partis de Paris.

Nous arrivâmes à Bade le 10 août, dans la soirée. Nous aperçûmes de loin, dans l'avenue, un homme qui venait au galop au-devant de nous. C'était le prince Eugène. Des larmes s'échappèrent des yeux de la reine en l'apercevant. « Ah ! s'écria-t-elle, j'ai « donc encore un ami dans ce monde ! »

La voiture s'arrêta, et les deux enfants de l'impératrice Joséphine se précipitèrent dans les bras l'un de l'autre, et s'embrassèrent sans dire un mot de leur commune douleur. Leur émotion en disait plus que leurs paroles n'auraient pu en exprimer, et l'on devinait tous les souvenirs qui se réveillaient dans leurs cœurs en ce moment.

La reine, avec cet empire qu'elle sait toujours prendre sur elle-même, essuya ses yeux.

Elle fut bientôt dans les bras de sa belle-sœur. La princesse Auguste s'attendrit beaucoup en l'embrassant. Perdant comme elle couronne et fortune, ces deux belles-sœurs se sentaient dans une position trop semblable pour que leurs sentiments ne fussent pas à l'unisson.

Je dois à la justice de dire de la vice-reine que, quoiqu'elle sentît vivement les coups dont la fortune la frappait, elle se trouvait si heureuse d'avoir un tel mari, qu'elle ne cessait de répéter : « Eugène a « fait son devoir, sa belle réputation est encore pré- « férable à tous les trônes où j'aurais pu aspirer, et « je suis fière d'être sa femme. »

Ce ménage faisait plaisir à voir. La vice-reine était si élégante, si belle, si noble ! Quand le prince Eugène sortait de la modeste maison qu'il habitait, ayant à son bras d'un côté sa femme, de l'autre sa sœur, lorsqu'il paraissait lui-même entouré de cette auréole de gloire et de mérite que chacun savait apprécier, il commandait encore plus le respect et l'admiration que tant d'autres entourés de gardes et de courtisans.

Le soir même de notre arrivée, la grande-duchesse de Bade vint voir sa cousine ; et le roi de Bavière, à pied, sans cérémonie, vint demander à être introduit près de la nouvelle arrivée.

Le lendemain matin, le prince Eugène sortit,

comme je l'ai dit plus haut, avec sa sœur et sa femme pour aller se promener dans la grande allée de Bade, où d'habitude se réunissait le congrès féminin de têtes couronnées qui alors envahissait Bade.

La reine échangea des visites avec l'impératrice de Russie, la reine de Bavière, l'ancienne reine de Suède, le margrave de Bade, leur mère, et toutes les illustrations qui étaient là. Les jours suivants on se retrouvait dans l'allée des Boutiques, on se parlait, on se promenait un instant ensemble et l'on achetait des babioles.

Les marchandes de modes arrivées de Strasbourg étalaient à l'envi les plus jolies choses.

L'excellent roi de Bavière, avec sa canne, son chapeau rond, s'arrêtait à parler à tout le monde ; et quand un joli chapeau le frappait ou paraissait plaire à sa femme ou à ses belles-sœurs, il l'achetait et leur faisait cadeau. Le prince Eugène, de son côté, faisait de même, et là, il donna à sa sœur une jolie guitare qu'elle a toujours conservée.

Le 14 août, la reine fut invitée à dîner au château chez l'impératrice de Russie. J'eus l'honneur de l'accompagner. Elle s'était sentie si peu disposée à voir du monde et à s'occuper de sa toilette, qu'elle n'avait apporté aucune parure avec elle, et moi je n'y avais pas pensé non plus, croyant qu'elle ne verrait personne à Plombières. Elle n'avait donc pour ce beau dîner qu'une simple robe noire et ses cheveux relevés sans fleurs ni bijoux. Cette réunion avait lieu pour elle et ne devait être qu'en famille, mais la famille était illustre et nombreuse.

Je restai dans le salon de service où étaient déjà réunis tous les officiers et toutes les dames des princesses invitées. Les portes du salon où étaient les princesses restèrent ouvertes. Elles entraient et sortaient continuellement. La reine me présenta à l'impératrice, à ses sœurs, et elles lui présentèrent de même les personnes qui leur étaient attachées.

L'impératrice de Russie me frappa par sa physionomie intéressante et mélancolique. Sa taille était grande et majestueuse, sa belle peau paraissait avoir souffert du froid; de loin on eût pu croire qu'elle avait pleuré, et cela augmentait l'intérêt qu'elle inspirait. La reine de Suède, avec moins de distinction, était encore d'une grande beauté. Elle avait plus de fraîcheur que sa sœur, mais moins de douceur dans les yeux. La reine de Bavière, grande, noble, moins belle que ses sœurs peut-être, avait plus d'esprit dans la physionomie et quelque chose d'indéfinissable dans le regard qui plaisait extrêmement.

Ma bonne reine l'aimait beaucoup. Elle l'avait, il est vrai, fort soignée pendant son voyage à Paris, et c'eût été mal à la reine de Bavière de ne pas se le rappeler.

Lorsque le dîner fut prêt, le grand-maréchal, prince Narishkin, entra dans le salon des princesses pour le leur annoncer. Nous vîmes alors passer devant nous toutes ces têtes souveraines. Le roi de Bavière donnait le bras à l'impératrice de Russie et à la margrave sa mère. Venaient ensuite les trois reines, la reine de Bavière, la reine de Suède et la reine Hortense. Ces deux dernières étaient sans royaume, mais l'étiquette était toujours la même pour elles. La grande-duchesse de Bade venait après avec le prince Eugène, la princesse Auguste sa femme, avec la princesse héréditaire de Hesse-Darmstadt et la princesse Amélie de Bade, sœur jumelle de la reine de Bavière. Nous suivîmes après, toutes ensemble et pêle-mêle. Le jeune prince de Suède y était aussi, mais je ne suis pas sûre s'il dîna avec tout le monde.

Toutes ces royautés se placèrent à table dans l'ordre dans lequel elles y avaient été, et toutes d'un côté de la table ; ainsi le veut l'étiquette allemande. Le grand-maréchal se plaça au milieu, en face, et nous nous mîmes de son côté, vis-à-vis des princesses, que nous étions ainsi bien à même d'examiner tout à notre aise. L'ambassadeur de Russie à Carlsruhe était aussi de ce dîner, et de notre côté.

J'ai toujours eu bon appétit, et cet air vif de Bade m'avait déjà fait d'autant mieux sentir que le dîner s'était fait attendre, et je n'avais pris qu'une tasse de café le matin. J'attendais un bon potage à la française pour me restaurer un peu ; au lieu de cela on me servit une espèce de soupe qui ressemblait plutôt à de l'eau de cerfeuil froide dans laquelle on aurait fait tremper du poisson. C'est absolument l'effet que me fit cette soupe russe, dont j'ai oublié le nom un peu baroque et difficile à retenir. J'avais bien vu ma reine, qui l'avait goûtée du bout des lèvres, la renvoyer aussitôt ; mais elle mangeait si peu que cela ne m'avait ni étonnée, ni inquiétée, et j'attendais avec impatience que mon tour arrivât d'être enfin servie, bien déterminée à ne rien renvoyer. Le froid de ce bouillon me saisit, et je fis tout d'abord la grimace qu'eût faite une personne qui se serait brûlé la langue. Le roi de Bavière, qui s'aperçut le premier de mon hésitation à porter une seconde cuillerée à ma bouche, se mit à rire et me dit tout haut : « Bravo, mademoiselle Cochelet, je vois que vous « n'aimez pas la soupe russe, et je partage votre « antipathie. » L'impératrice, en riant aussi de ma surprise, me dit : « C'est un mets national que j'ai « voulu faire juger à la reine ; mais qui n'est pas du « goût de tout le monde. Qu'en pensez-vous ? » continua-t-elle en se penchant vers la reine que la margrave seule séparait d'elle.

La reine lui répondit franchement que l'habitude qu'elle avait de commencer son dîner par un potage chaud avait pu nuire à son goût pour ce bouillon, qui lui avait paru si froid.

« Ah ! ce n'est pas le froid, s'écria le roi de Ba-
« vière, car je veux que vous mangiez chez moi une
« soupe froide que vous trouverez bonne ; mais celle-
« ci, il faut avoir le diable au corps pour s'en arran-
« ger. »

Heureusement le reste du dîner fut excellent,

Les soirées étaient plus gaies : la reine allait les passer toutes, avec son frère et sa belle-sœur, chez la grande-duchesse de Bade, où se réunissaient quelques personnes marquantes qui prenaient les eaux de Bade. Le grand château restait sérieux, tout entier voué aux règles de l'étiquette ; et le pavillon du bas donnait l'exemple d'une réunion aimable et toute française. Le grand-duc était resté à Carlsruhe, et n'était venu qu'un seul jour pour voir la reine. Nos soirées se passaient en conversations agréables ou bien à faire de la musique. La grande-duchesse chantait avec sa jolie voix les romances de la reine. Celle-ci, pendant ce temps, faisait les portraits de toutes les personnes qui étaient là, et qui, à tour de rôle, venaient poser devant elle pendant cinq minutes. La princesse Auguste travaillait ainsi que toutes les dames.

A neuf heures on soupait.

La grande-duchesse, si vive, si spirituelle, prenait grand plaisir à ces sortes d'entretiens.

J'allais quelquefois le matin causer avec cette si charmante grande-duchesse. Elle aimait tendrement sa cousine et son cousin le prince Eugène. Elle sentait bien qu'elle devait toute son élévation à sa parenté avec les enfants de l'impératrice Joséphine, et sa reconnaissance envers l'empereur ne se démentait pas.

Dans une de mes conversations avec la grande-duchesse, je lui racontai la visite de madame de

Staël à Saint-Leu. Elle se plaisait à entendre parler de la société qui entourait sa cousine.

Je nommai dans le nombre M. de Latour-Maubourg, et je dis à la grande-duchesse que je lui souhaitais un homme aussi loyal comme l'ambassadeur de France chez elle. Cette idée lui plut, et elle manifesta le projet d'en parler à son mari.

Je l'écrivis à M. de Latour-Maubourg, qui devait nous croire à Plombières. Il avait, comme moi, le goût des perroquets. La reine ayant permis que chacun prît à la Malmaison tous ceux qui faisaient plaisir, j'en avais prévenu M. de Latour-Maubourg pour qu'il en profitât. Je lui avais aussi envoyé un chapeau de paille de la part de la reine. C'étaient les premiers que nous voyions, et cela nous avait paru fort extraordinaire, mais assez commode pour que la reine en envoyât à ses connaissances de Paris. De notre temps il semblait qu'il y eût de la honte à se mettre à son aise. On craignait d'avoir l'air efféminé ; et, quelque chaleur qu'il fît, on portait toujours un chapeau de feutre noir. Jamais ni casquette, ni chapeau de paille. Un homme n'aurait pas osé porter un parapluie, étant en uniforme surtout ; il paraissait beaucoup plus simple de se laisser crotter et mouiller. C'était donc une espèce de plaisanterie que la reine avait faite aux messieurs de sa société que de leur envoyer à tous un de ces chapeaux de paille qu'elle trouva à Plombières.

Comme il l'avait promis, le roi de Bavière offrit

sa soupe à la reine ; mais comme il logeait à l'auberge et qu'il n'avait qu'un fort petit appartement, il n'y eut, à son dîner, que sa femme, sa fille, la princesse Auguste, le prince Eugène, la grande-duchesse et la reine Hortense.

La fameuse soupe devait être froide ; on était prévenu, aussi fut-elle trouvée très bonne. C'était une espèce de glace avec des abricots ; et si elle eût été pour le dessert au lieu de commencer le dîner, il n'y aurait eu rien à dire.

Je fus rejoindre une des dames de la grande-duchesse pour faire avec elle une course en voiture. Toutes les jolies routes des environs de Bade nous étaient connues ; nous imaginâmes, pour rendre notre promenade plus nouvelle et plus piquante, de prendre au hasard le premier chemin de traverse qui nous conduirait dans la montagne. Nous y avancions avec assez de difficulté, tombant d'une masse de pierres dans un trou bourbeux, lorsque nous aperçûmes une voiture à quatre chevaux qui allait se trouver encore plus embarrassée que nous. Elle descendait assez rapidement par sauts et par bonds la montagne. Pour cette rencontre de deux voitures, nous nous arrêtâmes dans le meilleur endroit et nous mîmes pied à terre. Nous avions reconnu la livrée de l'impératrice de Russie. Nous nous acheminâmes près d'elle, et nous la rejoignîmes au moment où, dans un tournant trop court pour son attelage, la voiture se trouvait une roue sur un morceau de rocher et l'autre dans un trou rempli d'eau. L'impératrice était seule avec la reine de Suède ; un valet de pied ouvrit la portière, et Sa Majesté, avec sa noble et belle tournure, était debout sur le marche-pied, hésitant si elle courrait la chance de verser ou si elle sauterait dans le bourbier. Je m'élançai vers elle, je la pris dans mes bras et l'emportai à dix pas. Elle était muette de surprise.

Lorsque je l'eus posée à terre, elle me remercia gracieusement en me disant que je l'avais sauvée d'un véritable danger. Nous rîmes beaucoup de la manière dont je m'y étais prise et son enlèvement fut le sujet de mille plaisanteries pendant que sa voiture se dégageait du mauvais pas.

L'impératrice était plus remarquable par l'expression de sa physionomie et par le charme languissant répandu sur toute sa personne que par sa beauté, qui était renommée. Le son de sa voix, l'accent de chacune de ses paroles, tout en elle me mettait complètement sous le charme.

Les souveraines s'occupaient, comme on voit, de dîners, de promenades, tandis que leurs maris s'apprêtaient à aller partager nos dépouilles au congrès de Vienne, qui avait été retardé jusqu'au mois de septembre. Jusque-là les vaincus ne savaient pas ce qui leur restait pour vivre.

J'étais seule dans ma chambre à réfléchir tristement sur la position de ceux que j'aimais, quand je vis entrer madame de Krudner. Je ne l'avais pas revue depuis 1809, cette époque heureuse où elle avait gagné mon admiration et mon amitié, où sa belle âme se montrait à moi avec simplicité. Aujourd'hui son air inspiré, l'accent prophétique de sa voix, son attitude solennelle, tout en elle m'étonnait.

« Je viens de voir votre reine, me dit-elle, il faut
« que je la sauve d'un danger qui la menace.

— « Qu'avez-vous à lui dire ? » m'écriai-je tout effrayée.

— « Je viens lui dévoiler ce que Dieu veut qu'elle
« sache. Vous savez combien je l'aime. Elle doit subir
« sa destinée. Elle est aimée de Dieu. La pauvre reine
« de Prusse, cette angélique princesse, et la reine
« Hortense, voilà mes deux types célestes de femmes
« et de martyres. Dieu m'a donné la mission de les
« servir. Je vous ai écrit tout ce que j'ai été pour la
« première. Maintenant je sais toutes les douleurs qui
« attendent celle-ci. Depuis que je l'ai vue elle a
« perdu une couronne, une position brillante, une
« amie, une mère tendre ! Je sais tout cela ; mais
« Dieu l'aime et veut l'éprouver ; qu'elle se résigne,
« elle n'est pas encore au bout de ses peines !

— « Que savez-vous de tout cela, ma chère ma-
« dame de Krudner ? causons comme autrefois ; et
« ne m'effrayez pas sur l'avenir d'une personne que
« vous aimez comme moi.

— « Oui, elle sera heureuse avec son âme si pure,
« si sublime ! Mais qu'elle n'attende rien des
« hommes, Dieu seul sera son protecteur. Surtout

« qu'elle ne retourne pas en France ; qu'elle aille
« en Russie, l'empereur Alexandre sera le refuge
« des malheureux.

— « Mais vous m'épouvantez. Que peut-il lui
« arriver de plus malheureux que tout ce qu'elle
« vient d'éprouver ?

— « Ah ! vous ne savez pas combien 1815 sera
« une année affreuse. Vous croyez que le congrès
« finira ? détrompez-vous. L'empereur Napoléon sor-
« tira de son île. Il sera plus grand que jamais ; mais
« ceux qui prendront son parti seront traqués, per-
« sécutés, punis ! Ils ne sauront plus où reposer leur
« tête ! »

Elle était restée debout tout en me parlant avec
action. Sa petite taille mince, son excessive maigreur,
ses cheveux blonds en désordre, ses yeux animés,
tout en elle avait réellement quelque chose de surna-
turel qui me glaça malgré moi d'une terreur dont je
ne pouvais me rendre raison.

« La reine est sortie, lui dis-je, revenez demain.
« Je sais le plaisir qu'elle aura à vous revoir ; mais
« si vous voulez lui parler de sa mère, vous la ferez
« pleurer, car elle ne peut entendre prononcer son
« nom sans fondre en larmes.

— « Qu'importent ses larmes ! » me dit-elle en
partant. « Dieu aime ceux qui pleurent, ce sont les
« prédestinés. Mais si la reine veut me voir, qu'elle
« soit chez elle, car je ne puis revenir souvent. Je
« n'ai plus de volonté. J'appartiens à ceux auxquels

« Dieu m'envoie pour les soulager. Mais rappelez-
« vous ce que je vous dis : qu'elle ne retourne pas en
« France. »

En disant ces derniers mots, elle s'éloigna, me laissant tellement étourdie de tout ce qu'elle venait de me dire, que je ne savais pas si je veillais ou si je dormais.

La reine rentra avec son frère. Aussitôt qu'elle fut seule je m'empressai de lui faire part de la visite que j'avais reçue pendant son absence et de tout l'effroi que les prédictions de madame de Krudner me causaient.

« Je te reconnais bien là, me dit-elle, voilà ta tête
« vive partie. Je recevrai madame de Krudner avec
« plaisir, parce que c'est une excellente personne ;
« mais pour la croire une prophétesse, c'est autre
« chose. »

Le lendemain, j'introduisis madame de Krudner chez la reine, et je les laissai ensemble. En sortant elle me dit : « Quel ange que votre reine ! Dieu la
« récompensera. Mais qu'elle me croie, qu'elle ne
« retourne pas en France, qu'elle aille en Russie. »

Je revins près de la reine ; je lui trouvai les yeux rouges. « Eh bien, madame, lui dis-je en lui baisant la main, elle vous a affligée ? »

— « Comment cela pourrait-il être autrement ?
« elle rouvre toutes les plaies de mon cœur en me
« parlant des pertes que j'ai faites ; elle a une âme
« si tendre que sa parole pénètre par la sympathie

« qu'elle éprouve. Elle ne m'apprend rien de nou-
« veau en me parlant de résignation aux volontés de
« Dieu. Si elle ne sortait pas de cette route, on la croi-
« rait sans examen ; mais, quand elle se dit inspirée
« et qu'elle veut prévoir l'avenir, elle arrête en moi
« tout sentiment de confiance. Je la suppose malade :
« elle ne produit plus aucun effet sur moi. »

Quoi que pût dire la reine sur l'exaltation de madame de Krudner, ses vertus lui plaisaient, et elle me laissa volontiers aller passer une journée entière près d'elle et de sa fille.

Cette dernière était une charmante jeune fille de dix-huit ans, blonde et peu colorée ; sa peau était d'une finesse extrême. La petitesse de ses membres, la délicatesse de toute sa personne, faisaient penser qu'elle tenait peu à la terre, et la pureté, la douceur de son regard étaient le miroir bien exact de cette âme candide qui ne vivait que pour faire le bien. Initiée par sa mère aux joies sublimes qui remplissent un cœur libre de tout attachement humain, embrasée de l'amour de Dieu et de la charité, elle traversait la vie sans s'y mêler que pour soulager le malheur.

Telle était la vie de ces deux angéliques créatures. Elles habitaient une maison modeste et isolée près de la vallée de Lichtenthal.

Je fus les y trouver le matin.

Une chambre, dont les meubles étaient plus que modestes, n'avait pour ornement qu'un énorme crucifix en bois. Je me sentais meilleure auprès d'elle, et ce fut avec ferveur que je joignis ma prière à l'onctueuse et simple prière qu'elle nous fit avant le repas, le plus frugal que j'aie fait de ma vie.

Je passai l'après-midi seule avec madame de Krudner et sa fille. Là elle redevint un peu de ce monde pour se rapprocher de moi. Elle rappela tout ce que je savais déjà de sa vie brillante comme ambassadrice en Suède : sa beauté, ses succès, les passions sans nombre qu'elle avait inspirées, rien n'avait pu satisfaire ni remplir son cœur. Au milieu des jouissances du luxe, des enivrements de l'amour-propre, de la séduction, de l'entraînement des plaisirs, un vide profond lui faisait comprendre le néant de tout ce qui occupait la vie. La grâce seule pouvait la remplir. Dieu la lui envoya, et alors seulement elle fut heureuse.

Une chose qui m'étonna beaucoup dans ce que me dit madame de Krudner, c'est qu'à cette époque elle connaissait à peine l'empereur de Russie. Elle ne le vit que plus tard.

Elle me disait que l'impératrice de Russie désirait la voir ; mais qu'elle ne recherchait pas les grandeurs, que les malheureux et les pauvres avaient seuls besoin d'elle.

Je rappelai à madame de Krudner tout le bien que l'on disait de l'impératrice de Russie. Je fis si bien qu'elle se décida à aller au vieux château, et je la revis le lendemain de cette visite.

« Eh bien ! en avez-vous été contente ? — Oui,
« me dit-elle. Elle a souffert aussi, son âme est
« grande et noble. Je lui ai parlé des devoirs aux-
« quels était appelé l'empereur son époux. Je lui ai
« dit que 1815 serait terrible, et qu'on devait s'at-
« tendre à de nouveaux malheurs.

La reine, tout en me plaisantant sur *ma passion*
pour madame de Krudner, lui portait aussi de l'intérêt. Elle en parla à son frère, et lui inspira le désir
de la voir.

Le jour fut indiqué, et j'amenai madame de Krudner, qui s'était un peu fait prier pour venir encore à
une cour. Je restai dans le salon à attendre la fin
de la visite, et la reine entra avec madame de Krudner, dans la chambre de sa sœur. Un instant après,
je la vis ressortir avec un fou rire qui me gagna sans
que j'en connusse la cause.

« Je me suis enfuie, me dit-elle, je n'étais plus
maîtresse de moi. » Et un nouveau rire s'emparait
d'elle. J'eus toutes les peines du monde à savoir
ce qui avait provoqué ce rire.

Dans sa jeunesse, et avant que tant de malheurs
fussent venus, peu de personnes avaient plus qu'elle
de cet enjouement qui anime tout ce qui entoure une
personne de cette humeur. Un rien l'amusait, la faisait rire ; et il a fallu bien des coups répétés pour
donner à sa physionomie toute la mélancolie qu'elle
a eue depuis.

Pour en revenir au fou rire que causait madame

de Krudner, se figure-t-on cette prophétesse s'avançant gravement auprès de la princesse Auguste qui, la saluant avec sa grâce ordinaire, voulait la faire asseoir près d'elle. Elle s'arrête, se grandit, lève les yeux et les bras au ciel en parlant avec emphase de résignation, de malheurs plus grands encore que ceux qu'on éprouve. La princesse Auguste ne comprend rien à cette façon de faire une visite, et reste la bouche béante et les yeux étonnés. Le prince Eugène, qui n'y comprend pas davantage, pense que c'est une folle qu'elle lui amène. La reine trouve cette position si comique qu'elle ne peut plus y tenir, elle les abandonne dans cette situation critique pour ne pas éclater devant eux.

La reine parvint enfin à reprendre assez de sérieux pour aller délivrer sa sœur d'une prophétesse qui prophétisait de si tristes choses, et la pauvre madame de Krudner fut éconduite bien vite pour qu'elle ne s'aperçût pas de l'effet qu'elle avait produit.

La reine ne voulait pas prolonger son séjour à Bade ; il lui tardait d'aller revoir ses enfants ; et, comme les bains de mer produisent bon effet sur ses nerfs, son médecin avait exigé qu'elle y retournât cette année pour en prendre encore quelques-uns.

Le 25 août était le jour de la fête de la fille aînée de la grande-duchesse de Bade, qui, pour la célébrer, donna un grand dîner à la Favorite, l'une de ses campagnes près de Bade, et il ne fut pas permis à la reine de partir avant. Comme c'était ma fête aussi, le matin, au déjeuner, je trouvai à ma place un bouquet et des bracelets charmants. Le prince Eugène, qui n'avait pas oublié que je m'appelais Louise, était l'auteur de cette aimable attention. Madame de Krudner me donna une petite bague avec un crucifix dessus. Je passai encore une heure avec elle et sa charmante fille, puis je vins rejoindre la reine, qui alla avec toutes les princesses dîner à la Favorite. Il y avait au moins soixante personnes.

Les adieux employèrent les jours qui suivirent, et le 28 nous partîmes pour la France. La reine avait le cœur bien gros de quitter son frère. Pour moi, j'ignore si madame de Krudner m'avait tourné la tête ; je le crois vraiment, car j'étais poursuivie par les plus noirs pressentiments.

Le prince Eugène était venu à cheval accompagner sa sœur jusqu'à une ou deux lieues ; et ses derniers mots à la reine avaient été : « Je vais réclamer à « Vienne ce qui m'est promis par les traités; et quand « j'aurai un coin tranquille tu viendras y vivre avec « nous. » Cette idée de se revoir bientôt avait adouci ce triste moment de séparation ; puis, se tournant de mon côté, il m'avait serré la main en me disant : « Mademoiselle Cochelet, vous aurez bien soin de ma « sœur, » et il s'était éloigné au galop.

Nous partîmes pour Le Havre le 6 septembre, et nous y arrivâmes le 8. Les ordres les plus sévères avaient été donnés au peu de domestiques qui accompagnaient la reine, pour qu'aucune imprudence ne la fît reconnaître. Aussi arrivâmes-nous au hasard dans une mauvaise auberge où rien n'était préparé. Il y avait une odeur épouvantable dans la seule chambre, fort sale, que l'on mit à sa disposition, des Anglais qui venaient d'arriver s'étant emparés de tous les meilleurs appartements. « Oh ! je ne pourrai « jamais demeurer ici, me dit la reine. J'aime mieux « aller dans une chaumière que de rester au milieu de « cette affreuse odeur. J'en serais malade. » Que faire ? Nous n'avions pas une lettre de recommandation, nous ne connaissions personne au Havre. Toutes les auberges étaient envahies par les Anglais. Nous restions toutes les deux à nous regarder sans savoir que décider. La reine dit à son valet de chambre : « Allez dans la rue qui vous paraîtra la plus « belle, ou plutôt sur le quai, frappez à toutes les « portes des maisons jusqu'à ce que vous en trouviez « une où l'on consente à vous louer un appartement « pour deux dames. Ce serait avoir du malheur que « dans la ville du Havre il ne se trouvât pas une « maison hospitalière. Dites que c'est pour une per- « sonne malade. — Non, madame, m'écriai-je, si on « nous fait malades on ne voudra pas nous rece- « voir. »

Le courrier partit, très disposé à attaquer toutes les maisons de la ville. Nous attendions dans la plus grande perplexité, et tout en nous bouchant le nez, le résultat de cette expédition.

Au bout d'une demi-heure, nous vîmes arriver Rousseau, tout hors d'haleine et bien fier d'avoir réussi dans sa mission. Nous nous rendîmes à pied dans notre nouvelle demeure, et ce fut avec une véritable joie que nous montâmes l'escalier.

Le salon avait deux fenêtres sur la rue, qui formaient toute la façade de la maison. Au-dessus du salon était la chambre de la reine, et au-dessus de sa chambre, encore à un étage plus haut, était la mienne.

Nous nous trouvions tous les jours mieux de notre installation dans notre petite maison qui avait le grand mérite de la propreté. Le matin, la reine allait prendre son bain. Heureusement que ce n'était pas comme à Dieppe ; car il y avait de quoi en mourir, que d'être ainsi lancée sous la vague comme on le fait là. Ici, c'était une petite voiture que l'on roulait dans la mer. Il y avait quelques marches par lesquelles on descendait dans l'eau pour s'y plonger à volonté, et l'on remontait de même pour faire sa toilette dans cette voiture, qui était un petit cabinet.

Nous déjeunions à onze heures ; puis nous allions à pied toutes les deux seules, suivies d'un domestique sans livrée, nous promener sur le quai pour voir arriver les paquebots. Ils étaient toujours remplis d'Anglais et d'Anglaises, et c'était pour nous un grand plaisir que de les voir débarquer. Leurs tournures nous paraissaient si extraordinaires que j'en ris encore quand j'y pense. La reine, comme peintre, trouvait des figures de femmes charmantes, et aurait voulu faire le portrait de chacune. Pour moi, je riais de bon cœur de les voir ainsi fagotées. Des corsages longs d'une aune sans un pli aux jupes. Leurs tailles, pincées comme dans un étui, dessinaient la gorge comme si elle avait été nue, ce qui me paraissait d'une indécence choquante. Nos robes à tailles courtes, que je ne prétends pas défendre, laissaient voir du moins la femme comme elle est faite ; mais ici les corsets abaissaient les hanches contre nature, en les comprimant comme cela se fait encore. Mais comme les robes n'avaient aucun pli, la nature féminine faisait l'effet d'un être tout particulier qui n'aurait pas de jambes. Leurs petits chapeaux, qui ne leur couvraient pas le bout du nez, me paraissaient aussi fort singuliers.

La longue séparation que la guerre avait mise entre les Anglais et nous, leur avait conservé un costume à eux seuls en Europe ; c'est ce qui nous le faisait paraître si bizarre. Nous avons allongé nos tailles, ils ont grandi leurs chapeaux, et tout le monde y a gagné quelque chose. Mais alors c'était vraiment comique que d'observer la différence qui existait entre deux peuples si voisins l'un de l'autre.

Après avoir ainsi flâné, nous revenions nous placer à la fenêtre de notre salon, et, tout en regardant la mer et les bâtiments, je faisais la lecture à la reine. Je n'avais avec moi que *René*, de M. de Chateaubriand.

Nous lûmes donc ce roman, et à chaque mot la reine s'écriait : « Ah ! que c'est bien dit, que c'est « bien senti ! »

La reine se sentait toujours de l'entraînement pour tout ce qui avait de l'esprit. Beaucoup de personnes ont pensé, comme moi, qu'on aurait pu lui adresser le portrait que madame du Deffant faisait de Marie Leczinska, qui lui ressemblait en beaucoup de choses. En le relisant je ne puis me dispenser de le placer ici.

Portrait de..., par madame du Deffant.

« Thémire a beaucoup d'esprit, le cœur sensible, l'humeur douce, la figure intéressante. Son éducation lui a imprimé dans l'âme une piété si véritable qu'elle est devenue un sentiment pour elle, et qu'elle sert à régler tous les autres.

« Thémire aime Dieu, et immédiatement après tout ce qui est aimable ; elle sait accorder les choses agréables et les choses solides ; elle s'en occupe successivement et les fait quelquefois aller ensemble.

« Ses vertus ont pour ainsi dire le germe et la pointe des passions.

« Elle joint à une pureté de mœurs admirable une sensibilité extrême ; à la plus grande modestie, un désir de plaire qui suffirait seul pour y réussir.

« Son discernement lui fait démêler tous les travers et sentir tous les ridicules ; sa bonté, sa charité les lui font supporter sans impatience et lui permettent rarement d'en rire.

Les agréments ont tant de pouvoir sur Thémire qu'ils lui font souvent tolérer les plus grands défauts. Elle accorde son estime aux personnes vertueuses ; son penchant l'entraîne vers celles qui sont aimables. Cette faiblesse, si c'en est une, est peut-être ce qui rend Thémire si charmante.

« Quand on a le bonheur de connaître Thémire, on quitterait tout pour elle ; l'espérance de lui plaire ne paraît point une chimère.

« Le respect qu'elle inspire tient plus à ses vertus qu'à sa dignité ; il n'interdit ni ne refroidit point l'âme et les sens. On a toute la liberté de son esprit avec elle, on le doit à la pénétration et à la délicatesse du sien ; elle entend si promptement et si finement, qu'il est facile de lui communiquer toutes les idées qu'on veut, sans s'écarter de la circonspection que son rang exige.

« On oublie, en voyant Thémire, qu'il puisse y avoir d'autre grandeur, d'autre élévation que celle des sentiments. On se laisserait presque aller à l'illusion de croire qu'il n'y a d'intervalles d'elle à nous que la supériorité de son mérite ; mais un fatal réveil nous apprendrait que cette Thémire si parfaite, si aimable, c'est... »

Nos soirées se passaient comme nos matinées, en

lisant (elles étaient courtes, car nous nous couchions à neuf heures, et sans avoir vu un chat pendant toute la journée).

Un jeune homme en habit noir, avec un air sec et absolu, arriva un matin à Saint-Leu, et demanda à voir la reine de la part du roi son époux. Il venait enlever à la malheureuse mère ses fils que leur père désirait avoir près de lui, en Italie, où il s'était retiré.

Le coup de la mort n'aurait pas été plus sensible. « Que faire ? disait la reine au désespoir, à
« madame de Boubers et à moi. Me séparer de mes
« enfants ? Qui les soignera jamais comme moi ?
« Ils ont besoin de moi, et de moi seule. Cette idée
« me donnera le courage de supporter toutes les
« conséquences d'un refus. » Et puis, elle pleurait, elle se désespérait.

Dans toute sa conduite qui suivit ce moment si terrible, elle n'eut plus qu'un but unique, celui de conserver ses enfants près d'elle.

Mieux que personne, je comprenais l'anxiété de la reine. Elle s'était fait un devoir sacré de la maternité. L'éducation d'un prince, devait imposer encore de plus grandes obligations.

Des hommes d'affaires modérés, honnêtes gens, peuvent souvent concilier des intérêts qui, divisés sur un point, sont les mêmes dans l'ensemble. Mais des hommes, avides de faire effet, excitent au lieu de retenir. C'est ce qui arriva. Ce M. Briatte, jeune homme, référendaire de la cour des comptes, ne paraissait pas fâché de représenter un roi, même sans royaume. M. Decazes, destiné à être le favori du roi Louis XVIII, devenu secrétaire des commandements de Madame-mère, et resté en relations intimes avec notre roi Louis, avait refusé la mission dont M. Briatte s'acquittait avec une conscience exagérée.

Je ne doute pas que M. Decazes n'eût obtenu qu'on évitât ce pénible procès.

Voilà donc ma pauvre reine sans conseils, sans soutiens, recevant de Vienne des lettres de son frère qui l'engageait à ne pas résister aux volontés de son mari, à faire le sacrifice de son fils, et qui devinait déjà tout ce que le bruit qui allait en résulter soulèverait de malveillance contre elle.

On engagea la reine à voir M. de Sémonville, qui professait pour elle un grand dévouement. Comme il était président de la chambre des pairs, il connaissait les lois, et ses conseils pouvaient être aveuglément suivis. La reine y consentit. Il faut vraiment se rappeler l'âge que la reine avait alors, son inexpérience, la haute position où elle avait été placée, et le complet éloignement des affaires où l'empereur tenait avec intention toutes les femmes de sa famille, pour concevoir son ignorance sur tous les intérêts matériels de ce monde.

Elle m'avait toujours dit qu'elle devait une visite à Louis XVIII, puisqu'il lui avait permis de rester en France, qu'il avait signé le traité du 11 avril et les lettres-patentes du duché de Saint-Leu.

Elle fit demander une audience particulière au roi, et l'obtint à l'instant. Je l'accompagnai aux Tuileries et je restai à l'attendre. Elle entra seule dans ce cabinet du roi, naguère celui de l'empereur. C'était le même. En retrouvant tout ce qu'elle avait vu autrefois dans les mêmes lieux, hors celui qu'elle regardait comme son père, le cœur dut lui battre fortement ; j'étais émue plus que je ne puis l'exprimer. Pendant que j'attendais, je fus accablée de politesses par tous les messieurs qui étaient là. Quand la reine reparut, toutes les politesses se portèrent vers elle, on l'entoura. — « Eh bien ! madame, lui dit le duc de Grammont, avez-vous été contente de notre roi ? » — « Extrêmement, » dit la reine. Et tous les visages s'épanouirent, tout le monde se précipita pour la reconduire jusqu'à sa voiture.

Lorsque je m'y retrouvai avec elle, je m'informai bien vite si elle avait été réellement contente du roi : « Il a été excessivement poli, galant même. J'ai
« dû lui parler la première. Il m'a fait l'effet d'un
« bon homme. » — « Pourtant, madame, il a la
« réputation d'être bien faux. » — Je n'ai pas trouvé
« qu'il en eût l'air ; un homme âgé, infirme, inspire
« toujours de l'intérêt quand il prend l'air paternel.
« Il m'a mise de suite à mon aise ; je m'y suis sentie
« beaucoup plus qu'avec l'empereur Napoléon. La

« grandeur personnelle impose à tout le monde, et
« même à moi, qui étais sa fille. Je n'osais jamais lui
« parler que quand il m'adressait la parole. Tout en
« causant avec le roi, il m'a paru pourtant qu'il dési-
« rait m'insinuer de faire une visite à la duchesse d'An-
« goulême. Je lui ai bien manifesté mes intentions
« de retraite absolue. Quand il m'a parlé du plaisir
« qu'il aurait à me revoir, je lui ai répondu que je
« ne me regardais plus comme faisant partie de ce
« monde, la retraite la plus grande étant tout ce qui
« me convenait. Il m'a parlé aussi de ma mère, de
« mon frère, dont il a fait l'éloge avec amabilité. »

Je retournai voir M. de Sémonville. « Ah ! me
« dit-il, vous savez la nouvelle ! votre reine a tourné
« la tête au roi Louis XVIII ; il ne parle que d'elle ;
« il est enchanté de son esprit, de son tact, de toutes
« ses manières, enfin on le plaisante au château.
« *Arrangez le divorce*, lui dit-on dans sa famille, *et
« épousez-la, puisque vous la trouvez si charmante !* »

Mais voilà madame Campan qui arrive à Saint-Leu, et qui vient à son tour donner aussi son avis sur ce *succès* si prodigieux. « Il faut que vous sachiez toute la vérité, dit-elle à la reine. Le roi fit un éloge complet de vous : *Je m'y connais*, disait-il, *et je n'ai pas vu de femme qui réunisse à tant de grâce des manières aussi distinguées*. Chacun écoutait en silence. — « *Oui*, reprit M. le duc de Duras, c'est une personne que tout le monde s'accorde à trouver charmante ; mais il est bien malheureux et *peut-être bien à craindre qu'elle ne soit entourée que de gens connus pour être les ennemis de Votre Majesté.* » Il se tut. Le roi ne dit pas un mot et congédia tout le monde. Soyez donc bien prudente, mon cher ange ! continua madame Campan : il n'y a rien de plus dangereux que d'être vanté par les rois lorsqu'ils n'ont aucune raison de nous soutenir.

La reine ne pouvait comprendre la haine ; et madame Campan avait raison, il n'y avait pas de conduite si pure qui puisse en garantir.

La vie uniforme que menait la reine à Saint-Leu aurait dû tranquilliser sur son compte. Lorsque sa santé le lui permettait, elle montait à cheval avec son fils aîné : tantôt elle allait visiter la maison de J.-J. Rousseau, tantôt les autres endroits agréables dans les environs, et souvent elle le payait d'un peu de fatigue ou d'un petit surcroît de tourment en passant deux ou trois jours malade dans son lit.

C'étaient toujours à peu près les mêmes personnes qui venaient la voir à Saint-Leu, MM. de Lascours, de Latour-Maubourg, de Colbert.

Le 15 novembre était le jour de la fête de la reine. Nous voulûmes la fêter, et, pour y réussir, il fallait que les enfants en fussent. M. Després leur composa un petit proverbe qu'ils apprirent par cœur et qu'ils dirent avec beaucoup d'intelligence. Il fit aussi une ronde pour nous, que devaient apprendre le matin même madame Riouf, la duchesse de Frioul, et MM. de Lavalette, de Labédoyère, de Flahaut, de

Canouville : à cet effet, nous laissâmes la reine toute seule pendant cette longue journée. Elle se douta bien qu'on s'occupait de sa fête, et quand tout fut fini, elle nous dit : « Je vous en prie, une autre fois mettez-
« moi parmi ceux qui préparent la surprise ; car,
« pour m'en faire jouir, vous avez commencé par
« me mettre en pénitence ; j'ai passé la journée en-
« tière toute seule ; je ne veux plus être fêtée ainsi. »

Aussitôt qu'on sut la reine à Paris, une foule d'Anglais se pressèrent pour demander l'honneur de lui être présentés. Elle ne voulait recevoir personne, et s'en tint au petit nombre de ses anciennes connaissances qui, s'étant donné la peine de faire souvent dix lieues pour aller la chercher à Saint-Leu, méritaient bien de ne pas être exclues de son salon de Paris.

Réunis autour d'une table ronde, on faisait des caricatures, on allait même, tout en plaisantant, jusqu'à faire celle de Louis XVIII ; on causait avec animation.

Cependant toute la cour avait été défiler devant la famille royale, et, par la même occasion, en sortant des Tuileries beaucoup de monde était venu, par ancienne habitude, souhaiter la bonne année à la reine Hortense. Le petit salon où elle se tenait tous les soirs pouvait à peine contenir toutes les personnes qui s'y pressaient.

Madame du Cayla se présenta en habit de cour, ainsi que toutes les autres dames qui arrivaient des

Tuileries. La mise de cour déterminée par l'impératrice Joséphine pour la France, avait été adoptée par toutes les cours de l'Europe, excepté par celle d'Angleterre, où la vieille reine avait conservé les paniers et la poudre. A son retour, la duchesse d'Angoulême voulut ramener l'ancien costume pour les cérémonies de la cour, elle proposa les paniers, et malgré son insistance elle ne put les faire adopter. Mais la mode fut la plus forte et l'emporta sur l'influence des vieilles coutumes. La reine examina les toilettes de toutes ces dames et leur en fit compliment ; elle trouva que les barbes en blonde (seul changement fait à l'habit de cour) leur allaient très bien.

Le 6 mars, nous revenions seules, la reine et moi, du bois de Boulogne ; les princes avaient été se promener à pied aux Tuileries avec leur bon abbé et la reine.

Nous allions traverser le Pont-Royal, lorsque nous aperçûmes lord Kinair qui venait à cheval droit à nous : « Vous savez la nouvelle », nous dit-il, « l'empereur est débarqué à l'île d'Elbe ». La reine devint pâle comme la mort, et fit arrêter sa voiture ; moi, j'en ressentis un coup si violent que la respiration me manquait. « Comment ! est-ce possible ? » dit la reine à lord Kinair. « Qui vous a dit cela ? »

— « C'est positif », reprit lord Kinair, « je sors de chez le duc d'Orléans qui va se mettre en route pour suivre le comte d'Artois, qui est déjà parti cette nuit. » — « Ah ! mon Dieu ! s'écria la reine,

« quel malheur va-t-il en résulter pour l'empereur.
« Je n'ose y arrêter ma pensée... »

— « Les mesures sont bien prises : on envoie
« toutes les troupes de ce côté. L'empereur a, dit-
« on, peu de monde, et cela ne peut être long pour
« lui. »

— « Mourir ainsi, sous le feu des armes fran-
« çaises, lui ! l'empereur ! C'est affreux ! » reprit
la reine avec une grande émotion. « Il n'a pu com-
« mettre une telle imprudence ! on est mal ins-
« truit. »

« Soyez sûre, madame, de ce que je vous dis.
La source où j'ai puisé cette nouvelle est certaine ;
on est dans la plus grande agitation à la cour, et
on va prendre les mesures les plus rigoureuses
contre les partisans connus de Napoléon. »
Elle donna l'ordre de retourner promptement rue
Cérutti : chemin faisant, la reine me dit : « Je ne
« puis encore croire que l'empereur ait risqué une
« tentative aussi hasardeuse. Une idée me vient, et
« je parierais que je ne me trompe pas. C'est un
« coup de tête de M. de Labédoyère ! j'en suis sûre !
« Rappelle-toi comme il était exaspéré ! Il croit pou-
« voir réussir à changer le gouvernement, il aura
« fait prendre la cocarde tricolore à son régiment, et,
« pour faciliter son entreprise, il fait courir le bruit
« que l'empereur est débarqué et vient se joindre à
« lui. »

« Je suis fort embarrassée sur ce que je dois

« faire. D'abord, mon premier soin est de mettre
« mes enfants à l'abri de tout danger. Il faut qu'ils
« sortent de chez moi. » — Vous savez, madame, que
déjà quand vous manifestiez pour eux des craintes
moins fondées que celles qu'inspire le moment présent, une de nos anciennes compagnes, madame R...,
vous a proposé de les envoyer dans la maison de
sa mère qui est à la campagne. Voulez-vous que
j'aille reconnaître les lieux et tout disposer à les
recevoir ? » — « Oui ! pars à l'instant même ; et
« ce soir, à la nuit, accompagnés de la nourrice et
« de leur valet de chambre, ils sortiront tous deux
« de la maison par mon jardin. Je ne veux pas
« qu'ils couchent cette nuit chez moi. Que tout le
« monde ignore où ils seront cachés. »

Aussitôt l'approche de la nuit, j'entrai chez les
princes, je les emmenai à pied par le jardin ; la
nourrice du plus jeune, qui était toujours avec lui,
prit un petit paquet d'effets et nous suivit. Le valet
de chambre avait été chercher un fiacre, qui attendait assez loin de la maison.

Cependant la nouvelle du débarquement, arrivée
au gouvernement, fut rendue publique ; on n'eut
plus de doute sur l'apparition de l'empereur en
France.

On apprit qu'il n'avait que cinq ou six cents
hommes avec lui, et l'espoir reparut sur tous les
visages des bourbonnistes. — « Il sera traqué comme
une bête fauve (c'était le terme à la mode) ; on lui

courra sus », comme la proclamation du roi venait d'y inviter.

La reine ne parlait pas ; elle renfermait avec soin dans son cœur tout ce qu'elle éprouvait d'anxiété et d'émotion. Cependant un jour, fatiguée de se contraindre, elle me dit : « Ce n'est pas le sort de « l'empereur qui m'inquiète seul. Il n'est pas homme « à s'être ainsi abandonné au hasard sans avoir « d'avance calculé toutes les chances, et il est habile. « Puisque ce n'est pas un coup de tête de M. Labé- « doyère, je dois croire que l'empereur a jugé la « France mieux que nous ne pouvons le faire. »

Le 8 mars, la reine perdit son procès ; mais comment s'inquiéter d'une circonstance toute personnelle lorsque les événements devenaient tellement graves qu'il n'y avait plus moyen de s'occuper d'autre chose ?

La nouvelle ne tarda pas à se répandre que le colonel Ladéboyère, qui était en garnison à Chambéry, avait été mandé à Grenoble, et qu'au lieu de marcher contre l'empereur, il s'était réuni à lui, ainsi que toutes les troupes de cette garnison. La ville avait ouvert ses portes à l'empereur, qui y était entré au milieu des acclamations.

Mon frère Adrien vint me voir, et me raconta ce qui se passait dans Paris. Il avait remarqué beaucoup d'hommes qui se promenaient dans la rue de la reine, et d'autres qui ne quittaient pas le coin du boulevard. Nul doute que ce ne fussent des espions.

Il n'était plus possible de sortir par la porte du jardin. La reine ne pouvait pourtant pas rester plus longtemps chez elle ; tous les avis étaient qu'elle n'y était plus en sûreté, et qu'elle devait en sortir. Mais où aller maintenant ? Après avoir passé bien du monde en vue, elle se décida pour une ancienne bonne de son frère, de la Martinique, qui avait accompagné l'impératrice Joséphine lorsqu'à quinze ans elle fut amenée en France par son père pour épouser le vicomte Alexandre de Beauharnais.

Cette bonne Mimi, ainsi que la reine et le prince Eugène l'appelaient toujours par ancienne habitude, avait épousé un M. Lefebvre, qui remplissait une petite place dans un bureau ; une pension que les enfants de l'impératrice faisaient à Mimi procurait à ces braves gens une honnête aisance.

Il fut décidé que la reine irait chez eux attendre le dénouement du terrible drame dans lequel on lui faisait jouer un rôle si actif, et dont elle ne se trouvait être que la principale et l'innocente victime. La chose la plus difficile était qu'elle sortît de chez elle sans être reconnue. J'étais sur les épines. « Vous devez passer pour moi, madame, lui dis-je ; sans cela, vous serez suivie, et je ne vois pas d'autre moyen que de vous décider à sortir avec mon frère. Je vous donnerai ma redingote, mon chapeau ; et comme on a l'habitude de me voir ainsi tous les jours, on ne vous remarquera pas ; je vous en supplie, décidez-vous. »

Et la voilà qui se résout enfin à mettre mon chapeau avec mon voile de mousseline. Nous n'avions guère pensé à la toilette ; elle se trouvait avoir un peignoir du matin, mais des plus élégants ; il était en fine percale, brodé tout à jour et garni de superbes dentelles. Il fut nécessaire de cacher tout cela sous ma redingote de casimir couleur poussière. Quand il fallut que la reine, ainsi affublée, donnât le bras à mon frère et sortît par mon appartement, la voilà qui se met à rire, d'un tel fou rire, que c'était à n'en plus finir.

Enfin elle partit. Je restai assez longtemps dans l'inquiétude ; la pluie était survenue, j'avais donné un parapluie à Adrien, et j'espérais que les gens postés dans la rue pourraient être moins regardants par la pluie que par le beau temps. Cependant il me tardait d'en avoir l'assurance par le retour de mon frère.

Il revint enfin, et comme il a toujours beaucoup de sérieux dans le caractère, il commença par me gronder.

— « Comment as-tu laissé sortir la reine avec cette robe de dentelle, qui l'embarrassait tout le long de la route ? » — « Est-elle en sûreté ? » m'écriai-je, impatientée de ce qu'il parlait de la robe au lieu de me tranquilliser sur-le-champ. — « Sûrement, me répondit-il, mais tu m'as valu une terrible corvée ! d'abord, en passant au coin du boulevard, des hommes nous ont beaucoup examinés, je n'étais pas rassuré du tout. J'avais beau baisser le parapluie du côté de la reine, comme elle n'est pas aussi grande que toi, on ne pouvait s'y tromper, je tremblais que nous ne fussions suivis. Pour surcroît d'embarras, la reine ne faisait que rire. J'avais beau lui dire : *Madame, votre dentelle passe, prenez garde ; jamais une femme ne se promène avec toute cette élégance, et vous avez encore de plus des petits souliers de taffetas !* alors son rire redoublait, et elle me répondait : « *Je n'ai pas eu le temps de penser à tout cela, et je « ne puis marcher avec toutes ces redingotes l'une sur « l'autre.* » — Vraiment les femmes ne pensent à rien et traitent légèrement les choses les plus graves. Je t'assure que, sans la pluie, il était impossible qu'elle échappât aux regards des curieux et des espions. Nous voici enfin arrivés rue Duphot, dans la maison de madame Lefebvre. Le portier, ni personne, ne nous a vus monter ; et quand madame Lefebvre a reconnu la reine, elle en a pleuré de joie. Elle s'est bien vite mise en devoir de tout arranger dans son appartement pour qu'elle s'y trouve le mieux possible. Voyant la reine si bien accueillie, je suis redescendu aussitôt, continuait mon frère, et me voilà bien content d'en être quitte à si bon marché, car dans vos arrangements de femmes, il n'y a jamais ni prudence ni raison. »

Quand la nuit fut devenue sombre, je partis de chez ma mère, où j'avais été dîner ; je fis plusieurs détours, suivie d'un domestique sans livrée qui ignorait où j'allais, et qui devait m'attendre sur le boulevard. J'arrivai enfin rue Duphot, hors d'haleine, autant par la multiplicité de mes émotions que par la rapidité de ma course. Je montai jusqu'au quatrième, et je fus très étonnée d'y trouver un petit appartement fort propre rempli de jolis meubles et de jolis tableaux. Il se composait d'une salle à manger, d'un salon, d'une chambre à coucher et d'un petit cabinet sur le retour. La reine n'était dans aucune de ces pièces : j'en paraissais si surprise, que la bonne madame Lefebvre se hâta de me faire un signe pour me rassurer. Elle me conta tout bas, parce qu'il y avait là deux personnes que je ne connaissais pas, qu'elle avait engagé à l'avance plusieurs amis de son mari à dîner pour ce jour-là ; que la reine n'avait pas voulu qu'ils changeassent rien à leurs arrangements, de peur de donner des soupçons, et qu'elle l'avait menée dans une mansarde au cinquième. J'eus l'air de m'en aller et je montai à ce grenier. Cette pièce où se trouvait la reine était à peine meublée. Je la trouvai seule, assise sur une mauvaise chaise et attendant que les convives du dîner fussent partis.

Madame Lefebvre vint la chercher pour redescendre dans *son palais* ; c'est ainsi qu'elle l'appela, en quittant une sale mansarde pour se retrouver dans une chambre très soigneusement arrangée. Il y avait sur la commode un cabaret garni de porcelaines de différentes formes et de différentes grandeurs,

« Voilà, me dit la reine, des porcelaines que je
« retrouve avec plaisir : Vois-tu cette toute petite
« tasse ? elle était à moi, et j'avais huit ans lorsque
« je la donnai à Mimi, je m'en souviens encore... et
« cette autre était à mon frère ; voici la tasse où mon
« grand-père prenait toujours son café. Comment,
« Mimi, dit-elle en se retournant vers sa vieille
« bonne, tu as pu conserver tout cela ? » — « Tout
ce qui me vient de vous et de votre famille, *ma reine*,
m'est trop cher pour que ce ne soient pas des reliques pour moi ! Regardez ce portrait !... c'est celui
de mon vieux maître : les armes en ont été grattées
pendant la Terreur, nous effacions tout cela dans ce
temps, et nous étions encore dans des transes mortelles pour vous, pour votre frère. Vous étiez alors
si jeunes tous les deux... que nous avions soin de
vous pendant qu'on emprisonnait vos parents, et
que votre pauvre père... » elle s'arrêta sans en dire
davantage.

« Eh bien, ma chère Mimi, tu vois qu'aucun ré-
« gime ne m'est favorable et que je te donne encore
« des motifs de craintes ; c'est que le sort s'acharne
« à certaines destinées ; j'eusse préféré vivre tran-
« quillement dans un joli petit appartement comme
« celui-ci !... Mais les grandeurs, les trônes, les pa-
« lais ! Et puis les haines ! les injustices ! les périls !
« Je voudrais pourtant bien me reposer de tant d'agi-
« tations ; j'en suis déjà terriblement fatiguée. »

Nous aidâmes la reine à se coucher ; sa femme de

chambre était aussi venue pour lui apporter quelques effets ; madame Lefebvre donna son lit à la reine et occupa celui à côté ; le mari avait été relégué dans la mansarde.

Dans la crainte d'être suivie, j'allai voir madame d'Arjuzon et je passai la nuit chez elle. Le lendemain matin, je revins au palais de la reine ; j'étais si occupée, si en peine de tout ce qui la regardait, que je ne faisais plus aucune attention à ce qui se passait plus loin. Je ne lisais pas une gazette, j'ignorais où se trouvait l'empereur en ce moment et ce qu'on faisait pour arrêter sa marche.

La reine commençait à n'en pouvoir plus de sa réclusion.

Elle avait un tel besoin de mouvement, qu'elle voulait absolument aller se promener sur le boulevard, qu'elle voyait de sa fenêtre.

« J'ai mal aux jambes, me disait-elle, de rester
« si longtemps sans marcher, et si je prends l'air à
« ma fenêtre, vous criez toutes deux pour m'en em-
« pêcher. Ah ! que je plains les pauvres prisonniers !
« Si jamais j'ai quelque puissance, je me souviendrai
« de ce tourment, et il n'y aura pas un seul prison-
« nier dans mon empire ! »

M. de Lavalette, qui lisait les journaux, nous alarmait souvent ; il y voyait que l'empereur courait les plus grands dangers, que Lyon avait été pris par les troupes du roi, etc., etc.

Heureusement, des nouvelles tout à fait contradic-

toires et plus sûres nous arrivèrent d'un autre côté !...
Un valet de chambre de la reine avait épousé la fille
d'un courrier de la malle; il vint nous dire que son
beau-père avait vu l'empereur à Lyon, qu'il avait été
porté par la foule, et que jamais enthousiasme
n'avait été pareil à celui dont il avait été témoin à
l'arrivée de l'empereur.

Louis XVIII voulut voir ce courrier pour entendre
de sa bouche les détails qu'il donnait. Après avoir
raconté au roi tout ce qu'il avait vu, il finit par lui
dire : « Sire, votre noblesse est de la canaille ! elle
a abandonné votre frère lâchement, et il est sorti tout
seul de Lyon. »

Le roi à ce discours avait témoigné le plus grand
chagrin ; il avait caché sa tête dans ses deux mains,
et les messieurs qui étaient près de lui s'étaient
empressés de faire sortir le courrier, avec l'ordre de
ne parler à personne de ce qu'il avait vu.

Chaque jour amenait à Paris plus de terreur d'un
côté, plus de fureur de l'autre.

Je sortis un matin ; j'étais si agitée par toutes les
pensées qui remplissaient mon esprit, que je ne
pouvais tenir en place. Je n'aurais pu rester chez
moi. J'allai d'abord dans une église où je demeurai
assez longtemps pour ne pas être suivie, et de là je
me rendis à ce quatrième étage où l'objet de toutes
mes craintes se trouvait pourtant à l'abri du danger.
Je trouvai la reine occupée à regarder dans la rue à
travers la jalousie. — « Que faites-vous donc là, ma-

dame ! prenez garde qu'on ne vous aperçoive. »

— « Je fais comme le diable boiteux, me répon-
« dit-elle. Je pourrais dire ce qui se passe dans tous
« les appartements qui sont en face de moi, et je
« tâche de deviner les événements par l'examen de
« ce qui se fait sous mes yeux. Tout à l'heure, un
« régiment de cuirassiers vient de traverser le bou-
« levard. Si tu avais vu leur air de dédain quand on
« criait *vive le roi* autour d'eux ! Ils n'ont pas ouvert
« la bouche et restaient mornes et silencieux ; ceux-
« là par exemple, si on les envoie contre l'empereur,
« je n'ai pas grand'peine à deviner ce qu'ils feront...»
Le lendemain je me rendis chez la reine de bonne
heure. Je la trouvai très occupée à sa fenêtre, d'où
elle m'interpella la première. — « Mais que se passe-
« t-il donc ? me dit-elle en m'apercevant, tout est
« bouleversé chez mes voisins... Mes gardes du corps
« sont revenus, ils embrassent leur mère qui pleure.
« Mon peintre a quitté sa croix du lis. Sans doute,
« il y a quelque nouvelle importante d'une victoire
« de l'empereur qui met ainsi tout en émoi ? »

« — Il n'y a pas eu de bataille, madame, et l'empereur a vaincu tout le monde. »

Une grande révolution s'était accomplie sans la
moindre agitation, sans aucun mouvement contraire.
C'était bien le cas de dire que quand tout le monde
veut la même chose, elle réussit. Cette immense
capitale, abandonnée à elle-même par la désertion de
ceux qui gouvernaient, était restée dans le calme.

La reine revint chez elle à peu près à l'heure de son dîner ; à peine sortait-elle de table qu'on lui annonça un officier de la garde nationale, qui vint lui dire que tous les anciens ministres de l'empereur étaient réunis aux Tuileries, qu'elle était invitée à s'y rendre et que l'empereur ne tarderait pas à y arriver. La reine partit en effet avec madame d'Arjuzon, et me chargea d'aller chercher ses enfants pour les ramener auprès d'elle.

Les voitures de l'empereur arrivèrent bientôt en face du 1ᵉʳ régiment qui formait l'avant-garde de l'armée du duc de Berri. Aussitôt qu'elles furent aperçues, les cris de *vivat* de toute la troupe ne laissèrent plus de doute sur leurs intentions. L'empereur descendit de voiture, fit dire au régiment de se placer sur la chaussée, et il le passa en revue aux cris non interrompus de « *vive l'empereur !* » Sur toute la route il en avait été ainsi. Les paysans quittaient leur ouvrage, couraient à sa rencontre et bordaient les chemins, avec les mêmes acclamations et le même enthousiasme que les troupes. Dans les villages, l'empereur était forcé de s'arrêter ou d'aller au pas tant était grande la foule de ceux qui l'environnaient et se précipitaient au-devant de lui ; mais aux environs de Paris elle devint si considérable, que le peuple grimpa sur tous les arbres, qui ployaient sous le poids, et les voitures n'eurent la possibilité que d'aller au pas. C'était à Essonnes que l'empereur avait été rejoint par ses anciens aides de camp et par le duc de Vicence, qui venait au-devant de lui à cheval pour l'escorter jusqu'à Paris. Il prit le duc de Vicence dans sa voiture, et continua sa route.

J'allai bien vite chercher les enfants de la reine ; je les trouvai jouant et gambadant, et ne se doutant pas de tous les événements qui venaient de se passer ; leur réclusion avait été pour eux un moment de vacances et ne les avait pas fatigués du tout ; les jeux, qui avaient remplacé les leçons, leur avaient fait paraître très courts ces quinze jours qui, à nous, nous avaient paru des siècles. Ils furent pourtant très contents d'apprendre qu'ils allaient revoir leur mère et leur oncle.

J'attendis la reine jusqu'à minuit : elle rentra enfin, exténuée de fatigue ; cette transition subite d'un grand repos et d'une réclusion complète à une journée d'agitation, de mouvements, d'émotions, avait épuisé ses forces. Elle courut embrasser ses enfants, qui dormaient si profondément qu'ils ne se réveillèrent pas. Revenue chez elle, j'appris d'abord qu'elle avait failli être étouffée quand l'empereur était arrivé. Il était huit heures lorsqu'il descendit de voiture à son vestibule ordinaire. La reine Julie et la reine Hortense s'avancèrent pour le recevoir ; mais il y avait là une telle foule de gens qui s'élancèrent vers l'empereur et le prirent dans leurs bras, qu'on ne fit nulle attention à elles, et il est exact qu'elles coururent le risque d'être étouffées.

La voiture de l'empereur était arrivée aux Tuileries

à peine entourée ; une faible escorte de ses aides de camp avait seule pu la suivre. On porta l'empereur jusque dans ses appartements, et les reines, que l'on vint alors chercher, eurent beaucoup de mal à percer la foule pour arriver jusqu'à lui. Il les embrassa assez froidement. Il demanda à la reine où étaient ses enfants ; et quand elle lui dit qu'ils étaient cachés, il lui répondit :

« Vous avez placé mes neveux dans une mauvaise position, au milieu de mes ennemis ! » Voilà tout ce qu'elle eut de lui dans ce premier moment ; il avait ajouté pourtant : « Je compte sur Eugène ; je pense qu'il va revenir, je lui ai écrit de Lyon. »

La reine était si exténuée, que lorsque je lui parlai du courrier que M. de Soulange envoyait à son frère, elle me répondit : « Ah ! je n'ai pas le courage « d'écrire ! je n'en peux plus. » Étonné de n'avoir pas de vos nouvelles par vous-même, il s'en inquiétera. Et votre belle-sœur ? et la grande-duchesse de Bade ? Puisque le courrier passe par Carlsruhe et par Munich, ne devriez-vous pas leur apprendre la grande nouvelle ? elles seraient affligées d'être les dernières instruites d'un événement qui doit les toucher autant : « Écris-leur, pour moi, je me sens à peine la « force de tracer un mot pour mon frère. » Alors, tout endormie qu'elle était, elle écrivit.

Me voici à cette époque de 1815, si grande, si brillante et si désolante à la fois, qui confond la pensée par l'immensité des faits et par la rapidité avec laquelle ils s'entassent dans un si court espace de temps. Comment se rendre compte en un même jour de cette arrivée miraculeuse de Napoléon, et de la disparition du pouvoir de la veille, si ce n'est par le prestigieux ascendant du génie du plus grand homme qui ait existé ? Rien ne saurait peindre l'enthousiasme qu'il inspirait : c'était de l'ivresse, du délire...

Le lendemain de l'arrivée de l'empereur, la reine se rendit de bonne heure aux Tuileries ; elle y conduisit ses deux fils, qui étaient fort empressés de revoir leur oncle. Ils en furent accueillis avec tendresse, il les caressa beaucoup et les garda longtemps ; il semblait qu'il voulût reporter sur ces deux jeunes têtes l'affection qu'il ne pouvait plus témoigner au fils dont il était privé. Il les montrait avec orgueil au peuple qui se pressait sous ses fenêtres, et ils assistèrent à la parade, ce qui fut pour eux une grande fête.

La foule encombrait non seulement le jardin et la cour des Tuileries, mais toutes les rues adjacentes. Les fenêtres de toutes les maisons donnant sur le Carrousel étaient garnies de femmes élégantes.

Pour bien comprendre l'enthousiasme qu'inspirait alors l'empereur, il faut se rappeler toute la témérité et le merveilleux de son entreprise. Chacun disait : « Voilà notre empereur ; il est plus grand que ja-
« mais, et rien ne saurait dorénavant ni l'abattre ni

« nous l'enlever ; » et les cris de *vive l'empereur !* redoublaient.

Le duc de Vicence était venu prier la reine, de la part de l'empereur, d'écrire à l'impératrice Marie-Louise, et de l'*assurer du bonheur qu'il aurait de la revoir.*

La reine fit ce que l'empereur désirait, sans demander d'explication, quoiqu'il lui parût fort extraordinaire qu'il n'écrivît pas lui-même à sa femme et qu'il la chargeât d'une telle mission ; ensuite elle pensa qu'il était peut-être un peu piqué contre celle qui l'avait en quelque sorte abandonné, et que, ne voulant pas lui ôter tout espoir de raccommodement, il prenait ce biais pour lui donner le courage de revenir en France pour rejoindre un mari qui lui avait toujours montré tant d'affection. Elle attribuait à sa jeunesse et à sa timidité le peu de caractère qu'elle avait montré au moment de la catastrophe de 1814. Telles furent les pensées de la reine, et elle écrivit à sa belle-sœur une lettre tout encourageante, inspirée par l'idée qu'elle s'était faite du désir de l'empereur.

Ce même jour, je rejoignis la reine. Labédoyère vint la voir ; elle le retint à dîner, nous l'entourions à l'envi, et c'était à qui le féliciterait d'avoir le premier rejoint l'empereur à la tête de son régiment ; aussi, dans tous les lieux où il avait passé, en venant de Grenoble à Paris, il avait été accueilli, fêté, entouré ; c'était le héros du jour.

Il nous conta ensuite comment il avait rejoint l'empereur à Vizille, qui est un bourg assez fort, à trois lieues en avant de Grenoble.

« Ne voulant pas compromettre mes officiers, je
« les réunis en cercle devant le front du régiment,
« et je m'exprimai ainsi : Messieurs, je viens de
« recevoir l'ordre de me porter en avant et de m'op-
« poser au retour de l'empereur qui vient de débar-
« quer en France ; marchons-nous contre lui, ou
« marchons-nous pour lui ? — Pour lui ! pour lui !
« pour lui ! répondirent les officiers à l'unanimité,
« avec un enthousiasme difficile à décrire ; et les
« cris mille fois répétés de *vive l'empereur !* me don-
« nèrent la certitude que soldats et officiers parta-
« geaient mes sentiments.

« Dans une conversation que j'ai eue à Grenoble
« avec l'empereur, comme il me questionnait sur
« l'opinion de la France, je lui dis que ma conscience
« m'obligeait de lui déclarer que le peuple français
« n'avait plus qu'un désir, celui de *la paix.* — Et que
« vous a répondu l'empereur ? demanda la reine. —
« Ces propres paroles, répliqua Labédoyère : *Croyez-
« vous que les besoins et les désirs du peuple n'ont
« pas toujours été ma loi suprême ? aurais-je fait
« tant de choses, si je n'avais pas été soutenu par
« lui ? il veut la liberté, moi seul je puis la lui
« donner, parce que moi seul je ne la crains pas.
« Quant à la paix, je ferai tout pour l'obtenir ; les
« traités humiliants n'ont pas été faits par moi, mais*

« *je saurai m'en contenter, si cela convient à la*
« *France.* »

Tous les jours, à sept heures du soir, la reine se rendait aux Tuileries pour voir l'empereur ; souvent il travaillait encore, elle attendait et assistait à son dîner, où il y avait toujours quelques invités. A neuf ou dix heures elle rentrait chez elle pour y recevoir les personnes de sa société habituelle.

Beaucoup de Français et de Françaises, qu'on n'avait pas revus depuis une année, se pressaient d'y revenir.

Un soir, le général Bertrand vint prévenir la reine que l'empereur lui faisait demander à déjeuner pour le lendemain matin, à la Malmaison. Il lui donna le nom des personnes qu'il désirait qui fussent invitées ; c'étaient M. Molé, M. Denon et les messieurs et les dames qui composaient la maison de la reine.

A la minute les ordres furent donnés, et dans cette occasion se déploya le talent de Bazinet, contrôleur chez la reine. Il était dix heures du soir, et il fallait emporter tout un ménage à la campagne pour donner un déjeuner non seulement à l'empereur, mais à sa suite et à son escorte, etc. C'était un jour de bataille pour un maître d'hôtel ; mais cet effort n'était point au-dessus du génie de Bazinet qui était fort attaché à la reine.

« La reine ne sait pas, disait-il, que l'art *culinaire*
« exige beaucoup de science et des soins de tous
« les moments ; elle ne l'estime pas assez. Il n'est

« pas donné à tout le monde d'avoir non seulement
« le talent, mais le coup d'œil juste, pour qu'un
« dîner soit ce qu'il doit être, selon la quantité des
« convives ; il est un juste milieu qui décèle la bonne
« compagnie. Voilà ce que l'expérience seule peut
« atteindre ; et cela ne s'apprend pas en un jour...
« Pour être bon colonel, il faut avoir été bon capi-
« taine ; de même il faut avoir été excellent cuisinier
« pour devenir bon maître d'hôtel. »

Voilà avec quelle gravité Bazinet professait son art.

La reine, habituée à avoir toute confiance dans son maître d'hôtel, ne s'était pas inquiétée de ce qui composerait ce repas improvisé.

Ce qui la troublait au delà de toute expression, c'était de se retrouver aux lieux où elle avait perdu sa mère, et qu'elle n'avait pas revus depuis le moment fatal où on l'en avait arrachée, il y avait une année.

« Je ne pourrai m'empêcher de pleurer, me dit-elle,
« quand je me trouverai à cette même place où mon
« frère me força de partir... Il semblait qu'on me
« séparât une seconde fois de ma mère.

« L'empereur, qui travaille toute la journée, veut
« un moment se distraire, et pour lui la Malmaison
« ne rappelle que de doux souvenirs. Je ne sais pas
« si j'aurai la force de surmonter ma douleur.

« Je ne suis pas sûre de moi.

« Je n'ai qu'un moyen ; fais tout de suite mettre
« mes chevaux, je vais à l'instant coucher à la Mal-

« maison ; si j'arrive la nuit, je pourrai me livrer
« à toutes mes impressions, et je me trouverai mieux,
« demain matin, de n'avoir pas eu à faire sur moi
« un pénible effort. »

Nous partîmes à onze heures du soir. Le silence et l'isolement de ce lieu, naguère si brillant, si animé, ne rappelaient plus que les souvenirs de la mort. Les concierges ne pouvaient comprendre qui venait à minuit chercher une solitude qui, depuis si longtemps, n'avait été troublée que par quelques curieux avides de connaître une habitation devenue historique... Lorsqu'ils reconnurent la fille de leur ancienne maîtresse, leur émotion se confondit avec la nôtre.

Le lendemain matin la reine paraissait calme ; mais on voyait pourtant combien elle se faisait violence, surtout lorsqu'elle alla au-devant de l'empereur. Lui-même il regardait tout autour de lui, comme beaucoup plus préoccupé d'un autre objet que de ceux qui se présentaient à ses yeux : à peine s'il les fixa sur nous, lorsque la reine nous nomma à lui, il sortit sur le perron du jardin, comme s'il avait besoin de respirer plus librement.

On passa bientôt à table, et la conversation se ressentit de la préoccupation que la reine et l'empereur essayaient de surmonter. On parla peu : l'empereur s'entretint avec M. Denon des chefs-d'œuvre réunis dans la galerie du Louvre. Après le déjeuner on alla visiter tous ceux que renfermait la belle galerie de la Malmaison, qui appartenaient à la reine et au prince Eugène, comme faisant partie de l'héritage de l'impératrice Joséphine.

« De quel prix sont ces tableaux ? » disait l'empereur en les désignant à M. Denon.

Celui-ci les estimait, et l'empereur faisait une exclamation de surprise :

« Autant que cela ? disait-il. Ah ! si j'avais su
« qu'ils fussent d'un si grand prix, je ne les aurais
« pas donnés à Joséphine. Je regrette qu'ils ne soient
« pas dans la galerie du Louvre ; il faudra les ra-
« cheter ; ils sont assez beaux pour devenir une
« propriété nationale. »

Après une assez longue séance dans la galerie, où j'épiais chaque parole, chaque mouvement de l'empereur, on fit avancer les voitures. Il monta dans sa calèche avec la reine, M. Denon et M. Molé. Labédoyère, qui était de service, escortait à cheval, à côté de la portière, et nous suivions dans les autres voitures. On se rendit dans le bois, à la ferme suisse de l'impératrice.

En rentrant à la Malmaison, nous trouvâmes dans le salon les autorités de Ruelle avec le curé, qui venaient présenter leurs respects à l'empereur. Celui-ci écouta à peine le discours d'apparat qui était l'expression de leur dévouement, il les interrompit même au milieu de leur harangue, pour leur demander s'ils étaient enfin parvenus à posséder une fontaine qu'ils désiraient depuis longtemps.

Le maire abandonna la fin de son éloquent discours, et entra en matière sur un objet d'un intérêt si direct et si vif. Il parla longuement des dépenses d'un pareil ouvrage. L'empereur le questionna sur les recettes, sur les dépenses, et, en les congédiant, il finit par leur dire qu'il aurait égard aux moyens supplémentaires si nécessaires pour achever la construction de la précieuse fontaine.

Je ne saurais exprimer combien j'étais heureuse de voir l'empereur de si près, et avec quelle avidité je l'examinais et je recueillais chacune de ses paroles. C'était la première fois que je pouvais le voir et l'entendre aussi à mon aise, car habituellement il ne venait chez la reine que le soir, quand elle donnait un grand bal. Je ne l'avais jamais aperçu que dans de pareilles réunions. Je me pénétrais de l'accent de sa voix, de l'expression de son regard, si précieux à étudier dans un homme aussi grand et si extraordinaire. Vu d'aussi près, il imposait à chacun un respect rempli d'admiration ; mais en même temps il touchait le cœur par un grand air de bonhomie, que l'on s'étonnait de trouver en lui. Bientôt je pus juger combien ceux qui l'accusaient d'insensibilité se méprenaient à l'égard de cette âme forte, mais accessible à toutes les émotions des véritables sentiments.

« Je désirerais voir la chambre de l'impératrice Joséphine », me dit-il d'une voix qui trahissait sa vive sensibilité.

La reine se leva :

— « Non, Hortense ! restez, ma fille, j'irai seul, cela vous remuerait trop. »

Les yeux de la reine s'étaient remplis de larmes ; elle se rassit sans rien dire, et l'empereur ému sortit du salon.

Il rentra quelque temps après, et malgré tous ses efforts sur lui-même pour avoir l'air calme, on voyait bien qu'il était oppressé et qu'un souvenir doux et triste avait pénétré dans son âme. Ses yeux étaient humides, son air sérieux et sévère pour échapper à la faiblesse qu'il ne voulait pas montrer.

Personne n'osait interrompre le silence qui régnait dans le salon, lorsque les regards de l'empereur s'arrêtèrent sur les journaux qu'on avait apportés et qui étaient encore sur une table sans avoir été ouverts ; il en prit un, déchira la bande, et parcourant des yeux, il dit à M. Molé : « Lisez-moi haut la lettre qui est dans le *Moniteur*. » M. Molé obéit, et nous écoutâmes dans un religieux silence la lettre qui suit, écrite par l'empereur au général Grouchy.

« Monsieur le comte Grouchy, l'ordonnance du
« roi, en date du 6 mars, et la déclaration signée le
« 13 à Vienne par son ministre, pouvaient m'auto-
« riser à traiter le duc d'Angoulême comme cette
« ordonnance et cette déclaration voulaient qu'on
« traitât moi et ma famille. Mais, constant dans les
« dispositions qui m'avaient porté à ordonner que

« les membres de la famille des Bourbons pussent
« sortir librement de la France, mon intention est
« que vous donniez des ordres pour que le duc d'An-
« goulême soit conduit à Cette, où il sera embarqué,
« et que vous veilliez à sa sûreté et à écarter de lui
« tout mauvais traitement. Vous aurez soin seule-
« ment de retirer les fonds qui ont été enlevés des
« caisses publiques, et de demander au duc d'Angou-
« lême qu'il s'oblige à restituer les diamants de la
« couronne, qui sont la propriété de la nation ; vous
« lui ferez connaître en même temps les dispositions
« des lois des assemblées nationales qui ont été re-
« nouvelées et qui s'appliquent aux membres de la
« famille des Bourbons qui entreraient sur le terri-
« toire français.

« Vous remercierez en mon nom les gardes natio-
« nales du patriotisme et du zèle qu'elles ont fait
« éclater et de l'attachement qu'elles m'ont prouvé
« dans cette circonstance.

« *Signé*, Napoléon. »

Au palais des Tuileries, le 11 avril 1815.

Cette matinée, qui m'avait paru si courte, était
terminée ; l'empereur retourna à Paris et engagea la
reine à monter dans sa voiture, que l'on avait fait
amener la première ; il lui donna la main, et, ayant
monté, il s'assit à côté d'elle. Le général Bertrand
se plaça sur le devant, et nous suivîmes en voiture

jusqu'aux Tuileries, où nous reprîmes la reine et la ramenâmes chez elle.

Le 1ᵉʳ de juin était le jour fixé pour la cérémonie appelée le *Champ-de-Mai* ; les préparatifs en avaient été faits avec faste et grandeur au Champ-de-Mars.

La reine se rendit à cette cérémonie avec ses deux fils ; des places leur avaient été destinées dans une tribune construite derrière le fauteuil de l'empereur. En face du trône on avait élevé un autel où l'on devait bénir les drapeaux. Les aigles nouvelles que l'empereur allait distribuer à son armée étaient portées par des officiers rangés près de l'estrade où il était. Tous les colonels, tous les généraux, tous les députés se trouvaient réunis. C'était une nouvelle élection impériale que le peuple et l'armée faisaient au souverain. Aussi l'allégresse paraissait-elle universelle.

La reine ne pouvait se rendre maîtresse des tristes prévisions qui l'assaillaient : une préoccupation grave se mêlait pour elle à toutes ces solennités. En se rendant à celle du 2 mai 1814, elle emporta un très petit album que je lui avais offert le jour de sa fête, sa dimension le rendait commode. Ce jour-là elle le prit en pensant que c'était peut-être la dernière cérémonie de l'empire ; et dans un moment où l'attention générale était concentrée sur un autre point, elle traça rapidement l'esquisse fidèle du spectacle imposant qu'elle avait sous les yeux. Ce croquis est probablement le seul qui ait été fait d'une solennité comme on n'en verra plus.

La reine rentra chez elle fort émue des acclamations du Champ-de-Mars et de celles qui se renouvelaient partout sur son passage ; elles vibraient dans son cœur, sans lui rendre la sécurité. « La guerre après tout cela ! disait-elle, en soupirant ; et malgré le génie de l'empereur, le dévouement de l'armée, l'enthousiasme du peuple, pourrons-nous résister à cette nouvelle croisade qui se prépare contre la France ?

« Je vois une guerre interminable se préparer, et j'en ai l'âme navrée. »

Les Chambres venaient de se réunir ; l'empereur devait ouvrir la session et recevoir les serments des pairs et des députés, le 6 juin. La reine y allait avec ses dames, et comme je ne l'accompagnais pas, je m'entendis avec une de mes amies pour y aller.

Nous soignâmes nos toilettes plus que de coutume, et nous crûmes arriver les premières en nous rendant de bonne heure à la Chambre des députés, dont les abords étaient déjà remplis d'une foule immense.

A quatre heures, au bruit d'une porte qui s'ouvrait, tous les regards se portèrent sur une tribune élégamment ornée, qui était au bas de la nôtre ; elle était pour Madame-Mère et pour la reine Hortense, qui y arrivaient suivies de leurs dames.

La mère de l'empereur a dû être l'une des plus belles femmes qui aient existé. A l'époque dont je parle elle avait soixante ans, et elle frappait encore par la régularité de ses traits et par l'air de noblesse répandu sur toute sa personne. Je me souviens que ce jour-là elle avait une robe de dentelle, montante et à longues manches, doublée de satin orange. Elle était coiffée d'une toque ornée de belles plumes blanches ; le bord de la toque et le haut de sa robe étaient garnis de superbes diamants. L'enchâssement de ses beaux yeux noirs, les longs cils qui les bordaient, les beaux sourcils qui les couvraient, auraient pu encore le disputer d'éclat et d'expression avec ceux de beaucoup de jeunes femmes.

Les cheveux blonds de la reine Hortense, la délicatesse de son teint et de ses formes, la blancheur de sa peau, la grâce de ses mouvements, contrastaient avec la gravité antique qui était le caractère dominant de la physionomie de sa belle-mère.

A quatre heures un quart le bruit du canon des Tuileries avait donné le signal de la marche de S. M., et le canon des Invalides, celui de son arrivée.

Les députés, appelés par ordre alphabétique, venaient prêter leur serment à l'empereur.

Le mouvement que fit l'empereur en ôtant son chapeau, et en se recouvrant au moment où il commença à parler, ramena toute mon attention vers lui. Il prononça, avec une noble fierté, le discours suivant :

« Messieurs de la Chambre des pairs, messieurs de
« la Chambre des députés,

« Depuis trois mois, les circonstances et la con-
« fiance du peuple m'ont revêtu d'un pouvoir illi-
« mité ! Aujourd'hui j'accomplis le désir le plus

« pressant de mon cœur ; je viens commencer la mo-
« narchie constitutionnelle.

« Les hommes sont impuissants pour assurer l'ave-
« nir ; les institutions seules fixent les destinées des
« nations. La monarchie est nécessaire en France,
« pour garantir la liberté, l'indépendance et les droits
« du peuple.

« J'ambitionne de voir la France jouir de toute
« la liberté possible ; je dis possible, parce que l'anar-
« chie ramène toujours un gouvernement absolu.

« Une coalition formidable de rois en veut à notre
« indépendance, ses armées arrivent sur nos fron-
« tières.

« La frégate *la Melpomène* a été attaquée et prise
« dans la Méditerranée, après un combat sanglant
« contre un vaisseau anglais de 74. Le sang a coulé
« pendant la paix.

« Nos ennemis comptent sur nos divisions intes-
« tines, ils excitent et fomentent la guerre civile.

« Il est possible que le premier devoir du prince
« m'appelle bientôt à la tête des enfants de la nation
« pour combattre pour la patrie ; l'armée et moi nous
« ferons notre devoir.

« Comme le sénat d'un grand peuple de l'anti-
« quité, soyez décidés à mourir plutôt que de sur-
« vivre au déshonneur et à la dégradation de la
« France. »

Le dimanche 11 juin, l'empereur reçut dans la salle du trône les députations de la Chambre des pairs et de la Chambre des députés. A l'une d'elles il répondit ces mots trop remarquables pour être oubliés :

« La lutte dans laquelle nous sommes engagés est
« sérieuse.

« C'est dans les temps difficiles que les grandes
« nations, comme les grands hommes, déploient
« toute l'énergie de leur caractère et deviennent un
« objet d'admiration pour la postérité ! »

L'empereur tint ensuite son conseil des ministres pendant plusieurs heures, et il leur dit en les quittant : « Messieurs, je pars cette nuit : faites votre
« devoir, l'armée française et moi nous allons faire
« le nôtre ! je vous recommande de l'union, du
« zèle et de l'énergie. »

Le soir, il y eut grand dîner de la famille impériale, auquel tous les princes et les princesses assistèrent. La reine s'y rendit comme tous les dimanches ; cette fois elle y conduisit ses enfants pour faire leurs adieux à leur oncle. L'empereur partit le 12 juin à quatre heures du matin. Jamais on ne l'avait vu s'éloigner avec un sentiment si profond d'appréhension et de tristesse. Du sort de ses armées dépendait le salut de la patrie.

Le 17 juin, nous fûmes réveillés en sursaut, à la pointe du jour, par le bruit du canon, et en peu d'instants la certitude d'une victoire remportée par l'empereur eut bientôt dissipé tous nos sombres pressentiments.

La reine, rassurée, avait reçu toutes les félicitations empressées qui lui valurent les bonnes nouvelles de l'armée.

Le soir, la reine reçut comme de coutume les personnes de sa société habituelle : au moment où la conversation s'animait d'une discussion assez gaie dont la reine avait fourni le sujet, on vint lui dire qu'on demandait à lui parler en particulier, son absence fut assez longue. Lorsqu'elle revint, je ne remarquai pas d'autre changement sur sa physionomie, sinon qu'elle me parut un peu plus pâle.

A peine fûmes-nous seules : « Hé bien ; me dit-elle, voilà le malheur arrivé ; tout ce que je craignais se réalise : l'empereur est battu, la France est en danger, les alliés marchent sur Paris ! »

La reine me conta alors que le général Sébastiani venait de lui confirmer ces tristes nouvelles : tous les détails de la bataille de Waterloo, dont le long et douloureux retentissement n'a laissé ignorer à personne les désastres, et il ne restait plus aucun doute sur la réalité de notre malheur : la déroute était complète, et l'empereur était attendu à Paris.

« L'empereur va arriver, me dit la reine ; il cherchera en vain dans les autres l'énergie de son âme ; tous nos maux sont comblés, et malheureusement la France, sa gloire, son indépendance, l'avenir du peuple, tout est perdu avec lui. »

L'empereur arriva pendant la nuit, et la séance

des Chambres du jour suivant justifia tout ce que la reine avait prévu.

Le lendemain, 22 juin, l'empereur envoya aux Chambres son abdication. Ce qui sera toujours digne d'être rappelé à la mémoire, ce sont les dernières paroles de l'empereur à la nation française.

DÉCLARATION AU PEUPLE FRANÇAIS

« Français ! au commencement de la guerre pour
« soutenir l'indépendance nationale, je comptais sur
« la réunion de tous les efforts, de toutes les volontés
« et le concours de toutes les autorités. J'étais fondé
« à en espérer le succès, et j'avais bravé toutes les
« déclarations des puissances contre moi. Les circons-
« tances paraissent changées ; je m'offre en sacrifice
« à la haine des ennemis de la France ; puissent-ils
« être sincères dans leurs déclarations et n'en avoir
« jamais voulu qu'*à ma personne !* Ma vie politique
« est terminée, et je proclame mon fils sous le nom de
« NAPOLÉON II, empereur des Français. Les ministres
« actuels formeront provisoirement le conseil du
« gouvernement. L'intérêt que je porte à mon fils
« m'engage à inviter les Chambres à organiser sans
« délai une régence par une loi. Unissez-vous tous
« pour le salut de la patrie et pour rester une nation
« indépendante !

« Donné au palais de l'Élysée, le 22 juin 1815.

« *Signé*, NAPOLÉON. »

Dans la séance des Chambres de ce même jour, on proclama Napoléon II à la suite d'un très beau discours de Manuel, et aux cris de vive l'empereur ! mille fois répétés.

Dans l'après-midi, la reine se rendit à l'Élysée, j'eus l'honneur de l'y accompagner. Je restai dans le salon de service pendant que la reine était chez l'empereur ; je la vis bientôt se promener dans les jardins avec Madame-Mère, tandis que l'empereur, à quelques pas plus loin, causait avec son frère Lucien. Tout à coup des cris de *vive l'empereur !* nous firent tous accourir aux fenêtres. La foule du peuple, exaspérée par l'abdication, entourait le palais et les jardins, en demandant l'empereur à grands cris ; et lorsqu'ils l'avaient aperçu se promenant, plusieurs hommes avaient escaladé les murs pour s'élancer vers lui ; ils s'étaient précipités à ses pieds, et avec cet accent pénétrant qui part de l'âme, ils l'avaient supplié de ne pas les abandonner, de renoncer à ce projet d'abdication qui les désespérait.

La reine n'assista pas au dîner de l'empereur, et rentra chez elle plus tôt que je ne l'avais pensé. Aussitôt que nous fûmes en voiture, elle me dit :

« L'empereur m'a demandé si la Malmaison m'appartenait, je lui ai répondu qu'elle était à mon frère, mais que c'était la même chose. Alors il m'a dit qu'il désirait s'y rendre et qu'il me priait de l'y recevoir.

« Je suis trop heureuse de pouvoir lui témoigner

ma reconnaissance pour tout ce qu'il a fait pour moi ! »

Ce fut aussi le 24 juin que l'empereur quitta Paris pour n'y plus revenir ; il se rendit à la Malmaison, où la reine qui était partie la nuit, avait tout disposé pour le recevoir de son mieux.

Je passe sur cette nuit d'insomnie et sur la matinée du 29, plus pénible encore ; je voulais quitter Paris, aller rejoindre la reine et partager son sort quel qu'il fût, lorsque quatre heures de l'après-midi sonnèrent, à ce moment je vis arriver la reine, accompagnée de madame Bertrand, qu'elle ramenait avec elle.

Elle me raconta qu'elle était revenue de la Malmaison sans que rien eût retardé ni inquiété son voyage.

La reine me fit part des vives inquiétudes qu'elle avait éprouvées pour l'empereur, craignant à chaque instant qu'on vînt l'enlever, et les peines qu'elle s'était données pour le déterminer à partir. Il n'était occupé, dans ces pénibles moments, que du salut de la France ; il se désespérait de ne voir prendre aucune mesure énergique pour arrêter l'invasion.

Madame-Mère fut la dernière personne de la famille impériale qui vint prendre congé de l'empereur. Talma qui, en habit de garde national, s'était rendu à la Malmaison pour saluer *le grand homme* avant son départ, vint me voir le lendemain et me raconta combien il avait été touché de ce que l'empereur l'avait reçu, quoique déjà l'ordre eût été donné de ne plus laisser entrer personne ; que l'empereur avait paru sensible à sa visite, et lui avait témoigné beaucoup d'intérêt. — De quelle belle scène tragique ai-je été témoin ! mademoiselle Cochelet, me disait Talma avec cette âme de feu qu'on lui connaissait. Quel spectacle que cette séparation de Madame-Mère et de son fils ! elle n'arracha aucune marque de sensibilité à l'empereur ; mais qu'elle a fait naître d'expression dans sa belle physionomie, dans sa pose, et que de choses probablement dans sa pensée ! !... L'émotion de Madame-Mère se fit jour par deux grosses larmes qui sillonnaient ce beau visage à l'antique, et sa bouche ne prononça que ces trois mots, en lui tendant la main au moment du départ : *Adieu, mon fils !* La réponse de l'empereur fut aussi laconique : *Ma mère, Adieu !* puis ils s'embrassèrent ; c'est ainsi que se fit cette séparation, qui devait être éternelle !

Puisque la visite de Talma me fournit l'occasion de parler de madame Lætitia, je vais en profiter pour faire connaître quelques traits qui honorent son caractère et son sexe. Après la défection de Murat, qui fit tant de mal à nos armes, et qui contribua pour beaucoup aux malheurs de la France, Madame-Mère rompit toute relation avec sa fille, la reine de Naples. Les tentatives que faisait celle-ci restaient en pure perte ; enfin un jour elle parvint à forcer la consigne, et se présenta à Madame, avec toute la tendresse et l'affection d'une fille qui venait demander à sa mère ce qu'elle avait fait pour mériter un pareil traitement. « Ce que vous avez fait, bon Dieu ! vous avez trahi votre frère, votre bienfaiteur. »

La reine de Naples faisait valoir que son mari était seul maître de sa politique. « Vous avez trahi votre bienfaiteur, répétait Madame-Mère à sa fille ; il fallait que Murat passât sur votre cadavre avant d'arriver à une félonie pareille ; l'empereur n'était pas moins son bienfaiteur que le vôtre ; retirez-vous, Caroline ! » Et elle lui tourna le dos. Ce ne fut qu'après la mort de l'empereur, que madame Lætitia se raccommoda avec sa fille.

Je tiens ces détails de la reine, qui les a recueillis de la bouche de Madame-Mère, à Rome.

L'empereur se dirigeait rapidement sur Rochefort, ayant avec lui dans sa voiture le général Beckert, commissaire délégué par le gouvernement provisoire, pour l'accompagner jusqu'à son embarquement. A son arrivée à Rochefort, l'empereur y rencontra son frère Joseph, qui était prêt à s'embarquer pour se rendre aux États-Unis sur un bâtiment de cette nation ; le trajet se fit heureusement, après avoir évité la croisière anglaise. Un capitaine danois, dont le bâtiment était réputé fort bon marcheur, et qui se trouvait en rade à La Rochelle, offrait à l'empereur de le transporter à New-York, et répondait sur sa tête du succès de l'entreprise ; mais il y mettait une *condition spéciale* : c'était que l'empereur s'em-

barquât *seul* et se cachât dans une armoire secrète :
L'empereur refusa.

La reine, avant le départ de l'empereur, ne sachant pas quel sort lui serait réservé, l'avait prié avec insistance d'accepter son beau collier de diamants, pensant avec raison qu'un objet de prix dans un moment critique lui sauverait peut-être la vie. L'empereur n'y avait pas consenti d'abord ; puis il avait fini par céder, et le collier avait été cousu dans un ruban de soie noir, qu'il a toujours porté autour de lui. La reine, après cette dernière marque de dévouement à l'empereur, avait pris congé de lui.

Le 1ᵉʳ juillet, beaucoup d'officiers, de la connaissance de la reine, passèrent la soirée chez elle. Ils venaient de quitter pour un instant leur bivouac. M. le général Excelmans, et les colonels de Lascours, de Briqueville et de Lawoestine ne cachaient pas leur désespoir du départ de l'empereur ; se montrant furieux de ce qui se passait, ils s'indignaient de ce qu'on allait encore une fois livrer la capitale à l'ennemi, sans avoir rien fait pour la défendre.

Les troupes avaient quitté les abords de la capitale, et se retiraient en vertu d'une capitulation signée par le gouvernement provisoire.

Louis XVIII était à Saint-Denis ; toutes les belles dames du faubourg Saint-Germain se hâtaient d'y aller porter leurs hommages ; les anciens gardes du corps, les chevau-légers, les mousquetaires, etc., etc., se précipitèrent sur leurs pas.

Le duc d'Otrante envoya mademoiselle Ribout m'avertir que la reine ferait sagement de ne pas rester à son hôtel.

Ces derniers avis décidèrent la reine.

Libre de mon temps et ne sachant que faire de ma personne, dans l'agitation d'esprit où me jetaient les événements, j'allais, je revenais, je recueillais les nouvelles. Étant la seule personne de la maison qui sût où la reine se trouvait, la seule qui pût aller la rejoindre dans sa réclusion, je m'y rendis le 6 au soir, jour de l'entrée des alliés à Paris. Après avoir fait plusieurs détours, pour m'assurer que je n'étais pas suivie, je me décidai à entrer chez la reine : je la trouvai dans le petit jardin intérieur de la maison qu'elle habitait. Ce jardin, qui avait l'étendue de vingt pieds carrés, était la seule ressource de distraction des princes, ils y jouaient à côté de leur mère, qui suivait machinalement des yeux tous leurs mouvements.

« Je le vois bien, me dit la reine, il est nécessaire que je quitte Paris ; je n'y suis nulle part en sûreté. — Et où irez-vous, madame ? — En Suisse, près de Genève, dans ma petite maison de Prégny, où j'espère enfin être tranquille et vivre oubliée, comme je le désire. »

Je me tus ; je savais qu'autant la reine était bonne et facile à vivre dans l'habitude de son intérieur, autant elle était ferme lorsqu'elle avait pris une résolution.

Le 3 juillet, Louis XVIII fit son entrée triomphale à Paris. Les beaux équipages des femmes élégantes encombraient le passage du souverain surnommé *le Désiré* ; elles allaient, venaient, repassaient sans cesse, en agitant leurs mouchoirs blancs ; on se tendait la main d'une voiture à l'autre ; on s'embrassait en se rencontrant ; enfin au milieu de ces transports, où la voix manquait aux cris prolongés, on vit une grande dame, dont l'équipage était arrêté sur le boulevard de Gand, prendre son cocher par le cou et l'embrasser convulsivement.

L'entrée des alliés se fit le 10 juillet. Elle ressemblait à ces cérémonies funéraires vers lesquelles la foule se précipite. Elle apportait le deuil dans le cœur de tous ceux qui étaient restés bons Français. La curiosité m'entraîna à aller voir le cortège. Je reconnus de suite la belle et élégante tournure de l'empereur Alexandre ; mais je ne saurais dépeindre ce que j'éprouvai en apercevant par derrière, bousculé dans la foule des chevaux d'un brillant état-major, le comte d'Artois qui faisait fort triste figure, et auquel personne n'avait l'air de faire attention.

Le 19 juillet, au matin, M. de Müffling, officier général prussien, commandant de Paris pour les armées alliées, fit prier M. Devaux, l'intendant de la reine, de passer chez lui, et lui signifia que la reine Hortense eût à quitter Paris dans *deux heures*. M. Devaux objecta que rien n'étant prêt, il était impossible que la reine pût se mettre en route aussi promptement. M. de Müffling insista, et consentit enfin à donner quelques heures de plus ; mais en exigeant que la reine partît le jour même ; il ne voulait pas qu'elle couchât à Paris ; il en avait, disait-il, pris l'engagement.

M. Devaux revint en toute hâte rapporter les ordres qui lui avaient été signifiés. La reine l'écouta avec le calme glacial qui ne l'abandonnait plus, et donna ses ordres pour pouvoir s'éloigner aussi vite que possible.

M. le général de Müffling lui fit offrir une escorte de troupes alliées ; elle la refusa ; mais elle accepta un officier autrichien pour l'accompagner et répondre d'elle et de ses enfants pendant toute la durée de son voyage. Ce fut un aide de camp du prince de Schwarzenberg, M. le comte de Voyna, chambellan de S. M. l'empereur d'Autriche, qui fut choisi pour remplir cette mission.

Madame la comtesse de Nicolaï se trouvait chez moi, lorsque M. Devaux vint m'apprendre que la reine devait partir le jour même, qu'elle en avait reçu l'ordre formel. Madame de Nicolaï pensa que, pourvu que la reine ne couchât pas à Paris, c'était tout ce qu'on demandait ; elle monta chez elle pour lui offrir son château de Bercy, ce qui lui permettrait de quitter la capitale aussi tard qu'elle jugerait à propos.

La reine fut très sensible à cette offre, et l'accepta volontiers ; elle s'occupait avec autant de tranquillité de son départ, que si elle devait aller coucher à Saint-Leu.

La reine décida qu'elle partirait le soir à neuf heures, et, dans la soirée, toute sa maison se réunit au salon, pour lui dire adieu.

Ce départ était une véritable désolation pour ceux qui ne devaient pas la suivre ; mais pour moi, qui étais sûre de la rejoindre bientôt, j'en prenais mieux mon parti.

A neuf heures du soir, le 17 juillet 1815, la reine quitta Paris pour s'éloigner de la France.

Cette bonne reine, en partant, avait du moins pu emporter la consolation que l'empereur Napoléon ayant quitté à temps Paris, était en sûreté, et que les soins qu'elle lui avait prodigués avaient eu le résultat qu'elle désirait, celui d'assurer sa retraite. Hélas! les journaux du 18 juillet donnèrent la nouvelle positive de l'arrestation de l'empereur Napoléon sur le *Bellérophon*, bâtiment de guerre anglais, auquel il s'était donné volontairement. Cette violation du droit des gens a laissé sur une grande nation une tache éternellement indélébile.

Ce nouveau malheur fut bientôt suivi d'un autre, qui vint aussi me frapper au cœur : Lavalette, le bon, l'aimable, le digne Lavalette fut arrêté le 20 juillet ; il n'échappa plus tard que miraculeusement, et par le sang-froid et le dévouement de sa femme.

La reine arriva à Genève, où je la rejoignis trois jours après.

Elle descendit à l'hôtel du Sécheron, et, pour faire moins de dépense à l'auberge, elle envoya tout de suite ses chevaux à sa campagne de Prégny, qui était située à très peu de distance, dans une des plus belles positions des bords du lac.

La reine commençait à respirer, elle se croyait dans un lieu de repos ; ses passeports, signés par les ambassadeurs de toutes les grandes puissances de l'Europe, la dirigeaient vers la Suisse, pays libre qui était resté étranger à la guerre, et où son imagination lui avait toujours représenté le vrai bonheur dans un chalet. Les illusions de la reine ne furent pas de longue durée. Dès le lendemain de son arrivée, le gouvernement de Genève lui fit signifier qu'elle eût à s'éloigner, vu qu'il ne lui était pas permis de séjourner sur le territoire de la république.

Madame-mère, et le cardinal Fesch, auxquels on avait donné des passeports pour l'Italie, et qui étaient aussi sous la sauvegarde d'un officier autrichien, arrivèrent à Genève le 25 juillet ; ils s'y arrêtèrent un jour pour dîner avec la reine. Madame-mère, qui était très fatiguée, aurait bien désiré se reposer quelques jours ; mais on ne le lui permit pas, et le 27 elle continua sa route avec son frère le cardinal.

La reine se rendit à Aix en Savoie, où sa mère et elle avaient fait de longs séjours. Le pays était rempli du souvenir de leurs bienfaits. Elle était sûre de retrouver dans le peuple une sympathie qui lui servirait de sauvegarde, et serait en même temps pour elle une consolation. Le départ pour Aix fut une chose arrêtée et j'y applaudis de grand cœur.

Je voyageais dans la voiture de la reine, avec elle et ses enfants ; les messieurs et les gens suivaient dans les autres voitures.

Aussitôt que nous fûmes entrés à Aix, M. de Voyna, sans se donner le temps de se reposer, partit immédiatement pour Paris, disant à la reine qu'il allait tâcher de lui obtenir des passeports, et les protections qui lui étaient nécessaires pour avoir la faculté de rester où bon lui semblerait.

En arrivant à Aix, la reine loua la première maison vacante : elle était mal située, triste et laide ; le seul avantage qu'elle offrît, était une cour assez grande où les enfants pouvaient jouer à leur aise.

Les nouvelles fâcheuses se répandent bien plus promptement que les autres, aussi ne fûmes-nous pas longtemps à connaître l'ordonnance du 25 juillet, qui appelait l'élite de nos généraux devant les conseils de guerre, et qui mettait sous la surveillance de la haute police tout ce qui avait exercé des emplois pendant les Cent jours.

Labédoyère avait été arrêté, le 2 août, par suite de la dénonciation de son valet de chambre ; ayant voulu faire ses adieux à sa femme et à son fils, il revint à Paris, où il descendit chez madame Fonteries, amie de sa famille ; il fut fort étonné, deux heures après, d'y être arrêté. Un agent de police déguisé était venu avec lui, dans la même diligence.

Une fois qu'on se fut saisi de sa personne, on le conduisit à la préfecture de police, où M. Decazes lui fit subir un premier interrogatoire ; puis on l'écroua à la prison de l'Abbaye, où il fut mis à la disposition d'un conseil de guerre, formé pour le juger.

Le maréchal Ney fut arrêté le 11 août au château de Bessonies, propriété d'une parente de sa femme. Voilà quelques particularités de son arrestation : le maréchal était depuis quelques jours dans cette retraite, lorsqu'un bourbonniste des environs, dans une visite qu'il avait faite au château, remarqua dans un des coins du salon un sabre qui, d'après sa richesse et les emblèmes militaires qui le décoraient, lui parut ne devoir appartenir qu'à quelque illustration militaire. Dans son opinion, le propriétaire de cette arme ne pouvait être que Murat ou Ney. D'après cet indice, on pensa que l'un ou l'autre de ces deux illustres fugitifs était caché à Bessonies ; un avis officieux parvint à M. Locard, préfet du Cantal, et au sous-préfet d'Aurillac, qui, secondé parfaitement par le capitaine de gendarmerie, fit entourer le château et captura le maréchal que l'on conduisit immédiatement à Paris.

Ce fut le 14 août que le jugement qui condamnait le colonel Labédoyère fut prononcé. Jamais une plus belle vie n'eut une fin plus malheureuse et n'emporta des regrets plus véritables.

Le 17 août, le vaisseau qui emportait l'empereur

mettait à la voile pour Sainte-Hélène, et le grand homme disparaissait de l'Europe pour n'y plus revenir.

Le 19, Labédoyère périssait victime de son dévouement à la cause impériale... Il tombait criblé de balles dans la plaine de Grenelle. Pendant ce temps, sa mère et sa femme faisaient d'infructueux efforts pour le sauver. Au moment où le roi sortait de ses appartement, madame de Labédoyère s'élança et tomba à ses pieds, en criant : *Grâce! grâce!* elle s'évanouit. On la transporta chez elle sans connaissance, pendant que la mère de Labédoyère tentait encore un effort désespéré : elle parvint, bon gré mal gré, à se placer sur le passage du roi. Voyant une femme vêtue de noir, et reconnaissant madame de Labédoyère, le roi donna l'ordre qu'on l'éloignât, disant que toutes ces émotions lui faisaient mal.

Le jour même où Labédoyère expirait, le maréchal Ney arrivait chargé de fers à Paris ; et le soir, on dansait des rondes dans les allées du jardin des Tuileries. Le peuple était très triste, morne et silencieux ; mais en revanche une société du monde élégant le remplaçait dans les promenades publiques.

Madame-mère et le cardinal Fesch étaient heureusement arrivés à Rome, le 15 août, jour bien brillant autrefois, car il était l'anniversaire de la fête de l'empereur. Les autres membres de la famille impériale erraient, dispersés dans toutes les contrées de l'Europe ; on avait perdu la trace de Murat. La reine

Hortense, oubliée, dans le coin où elle s'était retirée, continuait à être sur le qui-vive, ne sachant pas ce qu'elle deviendrait.

La reine, calme et résignée, était loin d'être insensible à tous les chagrins qui l'accablaient ; mais, cela ne l'empêchait pas de juger les événements avec sang-froid, à moins qu'il ne s'agît des malheurs qui frappaient ses amis ; elle lisait les infamies qui se publiaient sur le compte de sa famille et sur le sien, avec autant de tranquillité que si c'eût été une ancienne histoire à laquelle elle aurait été étrangère ; M. Decazes venait d'être nommé ministre de la police, on avait voulu dans un temps nous marier ensemble, ce qui alors ne m'avait pas convenu, et j'espérais que nos anciennes relations d'amitié me vaudraient quelque intérêt de sa part, si j'avais besoin de recourir à lui. Cette pauvre reine était encore loin du terme de ses chagrins ; un des plus grands qu'elle pût éprouver la menaçait alors : son mari venait de s'établir à Rome ; et à peine y fut-il installé, qu'il ne laissa pas longtemps oublier à sa femme qu'il avait gagné son procès, et qu'il lui fit demander son fils aîné. Dans les derniers jours de septembre, nous vîmes arriver le baron de Zuite, envoyé par le roi Louis pour réclamer le prince Napoléon et l'emmener à son père.

Ce coup fut des plus sensibles à la reine. Quoiqu'elle dût s'y attendre, elle ne parvenait pas à s'y résigner.

M. le baron de Zuite n'était pas d'ailleurs capable d'inspirer une entière confiance à une mère aussi tendre que craintive pour ses enfants. La reine ne voulut pas laisser partir son fils seul avec le baron. Elle lui dit donc qu'elle désirait qu'il se reposât quelque temps près d'elle afin de laisser au prince Napoléon le loisir de faire connaissance avec lui, et de donner le temps d'arriver au précepteur qu'elle faisait venir de Paris pour accompagner son fils en Italie. Ce précepteur était un homme respectable ; il ne possédait ni de grands talents ni de grandes connaissances ; mais sa moralité n'était pas douteuse, et c'était en ce moment ce à quoi la reine tenait le plus.

J'espérais que ce retard apporté au départ du prince Napoléon donnerait à la reine le temps de s'habituer à l'idée de cette séparation ; mais il était facile de voir journellement, au dépérissement de sa santé, qu'elle ne s'y résignait pas.

Je ne saurais exprimer la douleur que j'éprouvai en voyant le prince Napoléon s'arracher des bras de sa mère et de son jeune frère, qui fondaient en larmes. Je ne savais comment calmer le chagrin de mon cher prince Louis et le distraire de son isolement, qui était d'autant plus pénible pour lui, qu'il n'avait jamais quitté son frère d'une seconde. Cet aimable enfant était d'un caractère doux, timide et renfermé ; il parlait peu ; mais son esprit à la fois vif, réfléchi, pénétrant, s'exprimait par des mots heureux, pleins de raison et de finesse, que j'aimais à recueillir et à répéter. Il fut si affligé du départ de son frère, qu'il en tomba malade et eut une jaunisse, qui heureusement fut sans danger.

La reine devint si gravement malade, que je faillis en perdre la tête. Elle avait, plusieurs fois par jour, des syncopes qui m'alarmaient au dernier point ; elle ne se ranimait un peu que pour rester dans un état d'affaissement dont rien ne pouvait la sortir. Son estomac était tellement crispé, qu'il lui était impossible de prendre aucune espèce d'aliment ; la vue seule des mets lui soulevait le cœur, et depuis longtemps elle ne se mettait plus à table avec nous. Lorsqu'elle se sentait défaillir, elle avalait quelques cuillerées de vin d'Alicante, mangeait un petit biscuit, et ce repas suffisait pour toute la journée. La reine était d'une telle débilité, qu'elle ne pouvait faire un pas. Comme partout elle manquait d'air, on la portait dans des lieux élevés et solitaires, où elle restait pendant plusieurs heures à respirer, tout en essayant d'employer le peu de forces qui lui restaient à crayonner quelques esquisses de ces lieux pittoresques. C'est dans cette triste situation, que nous apprîmes la fin déplorable de Murat.

« Voilà les rois qui suivent les sanglants exemples des peuples, dit la reine, après les premiers instants donnés à la perte d'un parent ; ils ont tort de leur rappeler, que les diadèmes ne sont plus des bandeaux sacrés, et qu'on peut s'en jouer. »

Mais ces baptêmes de sang ont-ils jamais consolidé aucune dynastie ? La reine reçut à peu près en même temps une réponse aux dernières démarches qu'elle avait fait faire à Paris, auprès des ministres des cours alliées ; j'ai conservé cette dernière déclaration, que je rapporte ici textuellement.

Nous reçûmes enfin réponse à la demande faite à la diète pour traverser la Suisse. M. de Wyss, bourgmestre en charge, écrivit à la reine :

« Madame,

« Le conseil d'État du canton directorial de Zurich se trouvant dans le cas de proposer actuellement une nouvelle décision *favorable*, par rapport au séjour prolongé de madame la duchesse de Saint-Leu, dans le canton de Saint-Gall, je m'empresse de vous procurer, madame, le moyen de traverser la Suisse sans empêchement, et d'arriver à Constance pour y attendre, dans un séjour plus agréable, la décision du canton. Vous trouverez ci-joint, madame, le passeport nécessaire ; et j'aurai soin encore de prévenir directement les gouvernements des cantons qui y sont indiqués, de votre passage prochain, en vous priant, madame, d'agréer mes hommages.

« J'ai l'honneur d'être, madame la duchesse, votre très humble et très obéissant serviteur.

« DE WYSS, *bourgmestre.* »

Zurich, le 17 novembre 1815.

A cette lettre était joint un passeport, et pourtant il devait nous susciter de nombreuses difficultés.

« Au nom du bourgmestre et conseil d'État du canton de Zurich, directoire général,

« *Le bourgmestre en charge,*

« De Wyss. »

Le 1" décembre suivant, la reine reçut les passeports des puissances alliées, que M. de Voyna lui envoyait ; ils étaient accompagnés d'une lettre de sa part.

Rien ne semblant plus s'opposer à notre départ, je commençai à tout disposer pour notre voyage. Privée du plus grand nombre des gens qui entouraient autrefois la reine, il fallait leur suppléer, et c'était ce que je faisais de mon mieux. M. de Marmold, le seul écuyer qui accompagnât la reine, était infirme, presque toujours retenu dans son lit par la fièvre, et c'était plutôt un embarras de plus, qu'une personne pour nous aider. L'abbé Bertrand était entièrement occupé du prince.

Nous allions rester presque seules en pays non seulement étranger, mais malveillant pour nous, sans autre cavalier que M. de Marmold et l'abbé Bertrand, qui n'étaient pas des champions bien rassurants pour des femmes timides et en voyage.

Nous quittâmes Aix, le 28 novembre au matin, dans

trois voitures, plus un char de côté et une carriole à quatre roues, comme s'exprime le visa de la police de Genève, où nous arrivâmes le soir même. J'étais avec le prince et la reine dans la première voiture, l'abbé et M. de Marmold dans la seconde, les femmes de chambre suivaient dans la troisième. La reine décida qu'elle descendrait à Prégny ; elle économisait ainsi une dépense d'auberge, se rappelant qu'on l'avait fait payer *en reine,* c'est-à-dire fort cher, aux Sécherons. Nous arrivâmes tard ; la reine se coucha harassée, cette longue journée de froid et de fatigue ayant épuisé ce qui lui restait de force.

En ma qualité de *factotum*, j'étais levée la première, et couchée la dernière ; il ne me fut pas permis de prendre du repos cette nuit-là. Nous arrivions dans une maison inhabitée depuis longtemps, dont tous les appartements étaient d'un froid glacial, et où il manquait mille choses indispensables. Voulant profiter de la proximité de Genève pour y suppléer, j'envoyai un homme de la ferme chercher ce qui nous était nécessaire ; ne le voyant pas revenir, j'en fis partir un second, puis, au bout d'un certain temps, j'en expédiai un troisième. Aucun de mes commissionnaires ne reparut de la nuit ; ils furent arrêtés successivement à mesure qu'ils arrivaient à la porte de la ville. Des gens envoyés de chez la reine devaient avoir des missions politiques ; c'est au moins ce qu'on feignit de croire. Nous avions couché la reine, tant bien que mal, entourant son lit d'un grand paravent pour la garantir du froid, auquel elle a toujours été fort sensible.

Lasse d'attendre les commissionnaires, je me jetai toute habillée sur mon lit. J'y étais à peine, lorsqu'un étrange bruit d'armes et de pas de chevaux m'en fit descendre : cinquante hommes cernaient la maison, et m'auraient effrayée beaucoup, si je n'avais appris en même temps que le maire de Prégny les accompagnait, et qu'on attendait le point du jour pour la visite domiciliaire qu'on venait faire par ordre supérieur. A six heures du matin, on vint me signifier de me lever pour recevoir un officier de la gendarmerie de Ferney, qui était chargé de faire perquisition. J'appris alors que, tandis que le roi Joseph voguait vers l'Amérique, le bruit s'était répandu qu'il se cachait en Suisse, où on le traquait. On avait supposé qu'une femme de chambre de la reine, nommée mademoiselle Lacroix, grande, forte, et d'un visage peu féminin, était le roi Joseph travesti, et l'on venait pour s'assurer de la vérité du fait. Ce conte me parut si ridicule, que j'étais près de partir d'un grand éclat de rire au nez de celui qui me faisait une pareille histoire ; mais le sérieux et la colère l'emportèrent chez moi. Ce fut avec beaucoup de peine que le maire de Prégny remplissait une telle mission. On ne troubla pas le sommeil de la reine avant sept heures ; en attendant, les gendarmes explorèrent toute la maison, sans en excepter le moindre petite recoin, et lorsqu'ils arrivèrent à la chambre de la reine, que j'étais allée prévenir, j'avoue que le courage leur manqua ; par respect, ces messieurs refusaient d'entrer, ce fut la reine qui les engagea à remplir leur devoir jusqu'au bout, et elle fit enlever le paravent qui entourait son lit, afin qu'ils s'assurassent bien que personne ne se cachait derrière. En voyant une femme frêle et délicate, dont le pâle visage n'exprimait que la douceur et la résignation, et dont la voix éteinte annonçait la faiblesse et les souffrances, les gendarmes fondirent en larmes, et l'officier me parut humilié du rôle qu'on lui faisait jouer : il balbutia quelques mots d'excuse et de regret, auxquels la reine répondit en lui disant d'un air digne et calme qu'elle était charmée qu'il lui eût fourni l'occasion de voir encore une fois des militaires français. Ces mots achevèrent de décontenancer l'officier, qui s'éloigna promptement avec tout son monde.

Des envoyés des autorités de Genève ne tardèrent pas à succéder à cette visite. Ils vinrent signifier à la reine, de la part de leur *gouvernement*, qu'il lui était défendu de séjourner sur leur territoire. La reine répondit qu'elle n'avait nullement cette intention ; mais qu'une de ses voitures s'étant brisée la veille, il fallait au moins la journée pour la remettre en état. On alla s'assurer de la vérité du fait, et je suis encore à m'étonner qu'on ait eu la magnanimité de se rendre à l'évidence. Un troisième message suivit de près les deux premiers.

La reine quitta Genève sans regrets, le 30 novembre 1815, par un temps froid et brumeux. La terre était couverte de neige, et un vent piquant du nord tourbillonnait autour de nous ; nous arrivâmes le soir à Lausanne, et le 1" décembre nous fûmes coucher à Payerne. La reine était fort souffrante, et le froid était si intense, que nous aurions pu difficilement faire de plus longues journées.

A peine étions-nous installées à l'auberge, qu'un homme y arriva, conduisant lui-même un cheval attelé à un petit char à bancs ; peu de temps après, on vint prévenir la reine que le général Ameil était là, qu'ayant appris son passage, il avait voulu absolument venir lui exprimer sa reconnaissance ; car il était convaincu que sans le passeport et l'argent qu'il avait reçus d'elle, il aurait infailliblement péri.

La reine le fit entrer ; nous allions souper, elle était déjà assise, et, selon son habitude, elle s'était placée le plus près possible du feu. Un couvert fut ajouté à côté d'elle au bout de la table ; et lorsque le général Ameil lui eut baisé la main, elle lui fit signe de prendre place. Aucun de nous ne s'avisa de penser que ce haut bout de la table, en Suisse, était la place d'honneur qui se donne au chef de la famille, ou à la personne la plus distinguée parmi les convives ; cet usage nous était tout à fait inconnu. Pendant que nous soupions, un individu, profitant d'un moment où la porte s'ouvrait pour entrer les plats, s'introduisit dans la salle où nous étions, pour regarder ce qui s'y passait. Vincent le repoussa, le mit dehors, et personne ne vit cette apparition. Il n'en fut question que le lendemain ; alors nous sûmes que c'était *un espion,* comme il s'en trouvait alors partout sur notre passage.

La reine gronda le général Ameil de s'exposer comme il le faisait en venant la voir ; car, à supposer même qu'il ne fût pas reconnu, il se compromettait par le seul fait de s'être rencontré avec elle. Le général lui répondit que, dût-il payer de sa vie la démarche qu'il venait de faire, il lui aurait été impossible de savoir la reine si près de sa retraite, sans lui exprimer sa vive gratitude.

Il nous conta son existence aventureuse : depuis quatre mois qu'il avait quitté Genève, il avait voyagé à pied dans les montagnes, allant d'un endroit à l'autre sans faire de séjour nulle part, dans la crainte d'être soupçonné, reconnu, et livré à la France, où il aurait probablement essuyé le sort funeste de Labédoyère et du maréchal Ney.

Le général prit congé de la reine, qui lui recommanda bien de la prudence ; il monta dans son petit char à bancs, et reprit la route de la montagne hospitalière.

En quittant Payerne, nous continuâmes notre chemin vers Berne, où nous devions coucher le soir : nous avions côtoyé les bords du lac de Morat, le moins pittoresque des lacs de la Suisse, et que l'on ne visiterait guère, si son nom ne rappelait une catastrophe guerrière, un fait historique, qui a été poétisé souvent : l'Ossuaire, construit avec les os des Bourguignons, et la disparition de Charles le Téméraire, rendront à jamais ce lac célèbre. Nous arrivions, par un beau soleil d'hiver, à la petite ville de Morat, où nous devions dîner, lorsqu'il prit fantaisie à la reine de dessiner un effet de neige : une belle allée d'arbres centenaires se présentait sur notre droite ; leurs branches, couvertes d'un givre brillant, dominaient une petite maison pittoresquement placée, qui fournit à la reine le sujet d'un joli croquis. Elle venait d'en tracer la première esquisse, lorsque je remarquai avec inquiétude une douzaine d'hommes enveloppés de manteaux, qui arrivèrent de différents côtés, et qui finirent par cerner le petit groupe que nous formions autour de la reine ; les domestiques et nos voitures nous avaient précédés à l'auberge, où notre repas était commandé par le courrier. Je m'alarmais sérieusement de notre isolement, lorsqu'un de ces hommes s'approcha de la reine, et lui demanda en mauvais français si elle n'était pas la duchesse de Saint-Leu ? Sur la réponse affirmative qui lui fut faite, il ajouta que lui et ses compagnons appartenaient à la gendarmerie de Fribourg, qu'ils avaient l'ordre de l'arrêter ainsi que toute sa suite, et de la retenir prisonnière à l'auberge, jusqu'à ce que les autorités du canton de Fribourg en eussent ordonné autrement. Pour appuyer ses paroles, il exhiba son ordre, dont il nous délivra une copie.

La reine, n'ayant rien à opposer à la mesure ordonnée, se résigna tranquillement : nous nous acheminâmes donc vers l'auberge, escortées des gendarmes, et suivies d'une quantité de gens de la campagne, que la curiosité avait attirés autour de nous.

Il aurait été difficile de trouver un plus détestable gîte que l'auberge de Morat, qui avait alors l'aspect d'une véritable prison, et dont l'intérieur n'était rien moins que propre. Après que nous fûmes un peu réchauffés, et que nous eûmes pris un assez médiocre repas, qui avait refroidi en nous attendant, la reine pensa à ce qu'il y avait à faire pour sortir de cette nouvelle situation ; elle décida donc que son écuyer, M. de Marmold, muni de tous les passeports qui autorisaient le passage de la reine en Suisse, se rendrait à Fribourg avec Vincent.

Pendant ce temps nous restâmes à attendre, dans de mauvaises petites chambres qui n'avaient pas été chauffées de tout l'hiver, et où il fallait laisser portes et fenêtres ouvertes pour ne pas être étouffé par la fumée ; c'était à en pleurer de dépit et de contrariété, surtout en pensant qu'à très peu de distance de Morat était un superbe château, appartenant à M. Fritz de Pourtalès, dont j'ai déjà eu occasion de parler, ainsi que de sa femme, comme étant redevables d'infiniment de reconnaissance à l'impératrice Joséphine et à sa fille. Voyant la pauvre reine si mal casée dans cette misérable auberge, il me vint à l'idée de prendre pour elle possession du château voisin, sûre que je croyais être de l'approbation des propriétaires. Quelle erreur était la mienne ! Le château était habité, et par qui ? par M. et madame de Pourtalès en personne. Notre arrestation et notre arrivée avaient fait assez de bruit pour qu'ils en fussent informés ; en quelques minutes on se rendait du village chez eux. J'attendais, pour la reine, de moment en moment leur visite ou quelque message de leur part ; mais ce fut en vain ! Rien ne parut, et notre séjour près d'eux fut assez long (il dura deux grands jours). Je ne revenais pas d'un pareil procédé, j'avais peine à me rendre à la réalité du fait, et à croire à une pareille ingratitude. Enfin l'ordre arriva de nous laisser continuer notre route.

Nous ne restâmes qu'un jour à Berne :

Nous nous étions mis en route de Berne. Au lieu où notre dîner devait être commandé, nous fûmes fort étonnés de ne pas trouver Vincent, qui nous précédait ordinairement ; la reine s'en inquiéta ; et, lorsqu'il nous rejoignit le soir, il nous conta qu'il avait été tourmenté de questions à Berne.

L'ardeur des autorités suisses était merveilleusement excitée par la réintégration de M. de Talleyrand de Périgord, qui venait de reprendre son titre de ministre de France en Suisse, et qui portait dans l'exercice de ses fonctions, non seulement le zèle de son dévouement aux Bourbons, mais tous les sentiments haineux de l'esprit de parti.

En nous éloignant de Berne, nous nous aperçûmes que les opinions n'étaient pas plus unanimes en Suisse qu'ailleurs : tourmentés dans les cantons anciens, qui tous sont aristocratiques, nous étions bien accueillis dans les nouveaux qui sont démocratiques.

Le froid, la neige, la lenteur de notre marche, tout contribuait à rendre cette pérégrination des plus pénibles, surtout pour la reine qui était toujours souffrante et malade.

Nous soupirions tous après la tranquillité et le repos : bien que nous ne fussions plus exposés à toutes les avanies qui nous avaient été faites précédemment, les jours nous paraissaient d'une longueur démesurée ; Constance était pour nous la terre promise. Après avoir couché à Bade, nous dînâmes le 6 décembre à Zurich, dont la belle situation, et le souvenir de son immortel champ de bataille, eurent à peine le pouvoir de nous distraire un moment de nos tristes pensées. Nous couchâmes à Winterthur. Le lendemain, devant dîner à Frawenfeld, capitale du canton de Thurgovie, nous éprouvâmes un véritable plaisir à descendre dans une auberge, dont l'hôtesse parlait français.

Le 7 décembre 1815, nous quittâmes Frawenfeld et son aimable hôtesse, pour nous diriger sur Constance, où nous arrivâmes fort tard dans une pitoyable hôtellerie.

La reine, à moitié morte de froid et de fatigue, eut toutes les peines du monde à monter un petit escalier en colimaçon qui conduisait à un second étage, où était le seul appartement habitable ; nous étions maintenant dans le grand-duché de Bade, que nous regardions comme un asile ; la pensée qu'il nous serait facile de nous y installer mieux, nous faisait prendre patience. Cependant il y avait une chose dont la reine ne pouvait s'accommoder, c'était l'odeur des poêles de fonte ; elle lui faisait tant de mal, que pour y échapper nous sortîmes dès le lendemain, par un froid très vigoureux, et nous nous mîmes à parcourir cette ville, qui n'a guère conservé de son ancienne splendeur que son nom et son admirable situation.

M. de Hosser, préfet de Constance, était venu en cette qualité présenter ses devoirs à la reine ; il revint peu de jours après, accompagné de M. le baron de Guellingen, chambellan, du grand-duc de Bade, qui l'avait envoyé de Carlsruhe, pour s'informer des intentions de la reine, et lui exprimer combien il regrettait de ne pouvoir l'engager à se fixer à Constance ; mais que cela était *de toute impossibilité*, les hautes puissances ayant décidé que les membres de la famille Bonaparte ne pourraient habiter que la Prusse, l'Autriche et la Russie. La grande-duchesse écrivait à sa cousine, et m'écrivait également, pour témoigner tout le chagrin qu'elle éprouvait de ce que son mari ne pouvait accueillir la reine dans ses États.

Ce nouveau désappointement fut pour nous tous très affligeant ; la reine le reçut avec cette fermeté d'âme qu'elle conserve dans toutes les circonstances. Elle répondit à M. de Guellingen, que l'état de sa santé et la rigueur de la saison ne lui permettaient pas d'aller plus loin ; que les passeports qu'elle avait l'autorisaient à attendre à Constance la *décision favorable* des cantons suisses, sur son projet de se fixer dans le canton de Saint-Gall ; et qu'au surplus elle ne comptait rester à Constance que jusqu'au printemps, époque à laquelle elle espérait avoir une solution.

M. de Guellingen était un bon et brave homme que nous connaissions déjà, et qui n'éprouvait pas moins de peine à remplir sa mission auprès de la reine, que le grand-duc n'en avait ressenti lorsqu'il l'en avait chargé.

Il aurait désiré être agréable à la reine et satisfaire en cela à l'attachement bien marqué que sa femme lui portait ; celle-ci écrivait pour sa cousine les choses les plus tendres, et finissait toujours par dire : « Prenez patience, tenez-vous bien tranquilles, et peut-être au printemps les choses s'arrangeront-elles à la satisfaction de tout le monde ; d'ici là les passions seront calmées, et bien des choses oubliées. »

En attendant, il était difficile de mener une vie plus monotone et plus triste que la nôtre. Tous les jours nous sortions à pied dans les rues de Constance, où il n'y avait pas alors le moindre objet qui pût reposer nos yeux, incessamment fatigués par la neige qui couvrait le pavé et les toits des maisons. Après notre dîner, lorsque le couvert était enlevé (car la même pièce nous servait de salon et de salle à manger), nous nous réunissions pour achever la soirée dans une petite rondelle qui était à l'un des angles de cette unique pièce ; nous n'avions ni piano, ni musique ; il avait été impossible de s'en procurer ; des livres français étaient chose peut-être encore plus rare à Constance. A force de fureter chez tous les revendeurs l'abbé Bertrand avait fini par découvrir les *Anecdotes de la cour de Philippe-Auguste*, qu'il nous avait rapportées triomphant ; il nous en faisait la lecture à haute voix. Ce fut là, pendant quelque temps, notre plus douce distraction.

Nous ne tardâmes pas à recevoir les journaux français : ils étaient remplis des nouvelles les plus affligeantes pour nous. Au moment de notre départ, le procès du maréchal Ney venait de commencer. Traduit d'abord devant un conseil de guerre, le maréchal en avait décliné, peut-être à tort, la compétence. Il avait demandé à être jugé par la chambre des pairs, et, en attendant, sa femme, la princesse de la Moskowa, avait eu l'honneur d'être reçue par le roi, et de rester plus d'une heure avec Sa Majesté. La reine Hortense avait tiré de cette circonstance un augure des plus favorables pour l'issue du procès.

Le conseil de guerre avait eu lieu dans les premiers jours de novembre. Renvoyé devant la cour des pairs, le maréchal Ney avait obtenu un délai pour se procurer les renseignements utiles à sa défense ;

lorsque arriva le 4 décembre, époque de la première séance du procès. Les débats continuèrent le 5, et, dans la séance du 6, le maréchal, malgré le talent, les efforts de ses avocats, malgré l'évidence d'une capitulation qui le mettait hors d'atteinte de toute procédure, et l'iniquité d'une pareille sentence, fut condamné à mort !... Le lendemain 7 décembre, jour fixé pour l'exécution, dès cinq heures du matin, la maréchale conduisit ses enfants à leur infortuné père; on l'arracha mourante des bras de son mari ; et pourtant elle n'avait pas encore perdu toute espérance, car on l'avait trompée sur l'heure fatale : elle courut aux Tuileries pour se jeter aux pieds du roi ; mais, lorsqu'elle arriva, on lui dit qu'*il était trop tard !* Elle perdit connaissance, et ce fut dans cet état qu'on la transporta chez elle. Depuis vingt ans, la vie retirée qu'elle mène atteste que de si cruels souvenirs ne sont point effacés, et ne s'effaceront jamais de sa mémoire.

La fin de décembre approchait ; les caisses qui contenaient les meubles envoyés de Paris à Prégny, et qui nous avaient suivis à Constance, arrivèrent. Ce fut pour nous un moment heureux, que celui où nous retrouvâmes ces vieilles connaissances. Des papiers de tenture, tels qu'on avait pu se les procurer, avaient recouvert les murs blancs de plusieurs pièces de la maison que nous allions occuper ; on s'empressa de tout déballer et d'y placer les meubles.

C'était avec une joie d'enfant que nous faisions

mettre en place chaque objet, et que la reine présidait aux arrangements de sa nouvelle demeure. Après avoir campé dans de mauvaises auberges de la Suisse, il y avait pour elle des délices incomparables à retrouver son grand lit, et échanger les chaises de bois ou de paille pour un bon canapé dont elle était privée depuis longtemps. Un piano fut établi dans la pièce *glorifiée* du nom pompeux de salon. La reine s'enveloppait de son manteau pour se rendre de là, par la galerie ouverte, soit dans sa salle à manger, soit dans sa chambre à coucher. Il y avait beaucoup à faire pour éviter le froid. Mais ces inconvénients de la localité, qui lui eussent semblé fort grands dans les moments de sa splendeur, disparaissaient pour elle, et elle était contente d'avoir enfin *un petit chez soi*.

Nous reprîmes nos occupations habituelles si longtemps délaissées : la musique, le dessin remplirent nos journées solitaires.

Ce fut avec les premiers jours de la prise de possession de notre nouveau bien-être, que commença l'année 1816 ; avec elle arrivait pour moi une vie nouvelle : les beaux temps de ma jeunesse étaient finis ; mais j'espérais que le malheur aussi avait son terme. Là s'arrête le journal si fidèle de tout ce qui avait pour moi quelque importance. Cet album qui me gardait la date de mes plus doux souvenirs et auquel j'avais pris l'habitude de confier mes plus secrètes pensées a été jusqu'ici mon guide ; mais les événements qui vont suivre, ayant une marche moins rapide, je n'aurais plus besoin de jalons pour les retrouver, et je regrette peu l'aide de mes vieilles paperasses.

Irrévocablement dévouée à la reine, je me regardais comme ensevelie avec elle dans notre profonde retraite ; et nos journées s'écoulaient trop uniformément pour trouver de l'intérêt à prendre la date de chacune. Je suppléai bientôt à cette habitude d'écrire tous les jours, par une correspondance assez suivie avec mes amis absents ; mes lettres à une personne que j'affectionnais beaucoup renfermaient les détails exacts de tout ce que nous faisions, si bien qu'elles auraient pu remplacer mon journal, mais je n'ai pas jugé à propos de les redemander.

Mon affection pour la reine, pour son fils si intéressant, me tenait lieu de tout ; et les témoignages honorables d'estime que je recevais de différentes personnes me montrèrent qu'en obéissant aux impulsions de son cœur, on obtient aussi quelquefois l'approbation accordée à l'accomplissement d'un devoir.

Au milieu des jours les plus froids de l'hiver de ces climats rigoureux, nous vîmes arriver plusieurs pauvres vieux conventionnels qui, chassés de France, ne trouvaient nulle part un coin où reposer leur tête. Ils s'étaient d'abord réfugiés en Suisse ; mais, repoussés par le gouvernement, ils avaient reçu l'ordre de quitter immédiatement Berne, où ils avaient compté passer l'hiver. Ils étaient tous infirmes et malheureux. L'un d'eux avait sa femme avec lui : elle s'était enrhumée ; obligée de partir à l'improviste, elle fut atteinte d'une fluxion de poitrine en route, et mourut à Constance peu de jours après son arrivée. Ils marquèrent ainsi, par une tombe, le lieu de leur premier repos ! ! ! Ils recoururent à la reine dans leur détresse, et en furent secourus autant que cela était dans ses moyens. Ce qui ne manquait jamais à ses bienfaits, c'était l'accueil bienveillant qui console et rend éternelle la reconnaissance, douce au cœur de celui qui la doit.

Parmi ces pauvres conventionnels, il en était un qui se nommait Bréval : dans le temps de la Terreur, pendant laquelle l'impératrice Joséphine avait été arrêtée, M. Bréval lui avait rendu des services qu'elle n'avait jamais oubliés : la reine et le prince Eugène se réunirent pour lui faire une pension, qu'ils lui continuèrent jusqu'à la fin de ses jours. Il devint fou, et vécut encore quelques années dans ce misérable état. Au nombre de ces vieillards affaiblis par l'âge et les souffrances, on en citait un qui supportait ses maux avec la plus étonnante philosophie ; dans son exil, il conservait l'âme énergique qui l'avait lancé dans la tourmente révolutionnaire. Il était d'un département méridional de la France, et se nommait de Labrunnerie. Il séjourna quelques années à Constance, où il mourut.

Le silence que les journaux et les lettres particulières gardaient sur le sort de Lavalette nous donnait l'espoir qu'il avait échappé à toutes les recherches. Nous apprîmes enfin, par une lettre de la grande duchesse de Bade, du 26 janvier 1816, qu'il avait été assez heureux pour sortir de France : qu'il avait continué sa route en pays étranger. Sa malheureuse femme ne fut, hélas ! pas rassurée aussitôt que nous sur son sort : retenue en prison, à la Conciergerie, dans un état de santé des plus inquiétants, et qui demandait de grands ménagements, ses organes succombèrent à des épreuves au-dessus de ses forces. Elle relevait de maladie quand elle fut arrêtée. La chambre humide qu'elle occupait, le manque de soins, les continuelles et pénibles interrogations par lesquelles on espérait arracher à cette jeune et intéressante femme des éclaircissements sur l'évasion de son mari, tout contribua au mal cruel dont elle n'a pu guérir.

Tandis que nous apprenions que son mari était à peu près hors de danger, les journaux nous donnaient la nouvelle que, le 11 janvier, il avait été *exécuté en effigie en place de Grève*. Ainsi, évidemment on l'aurait sacrifié, s'il avait été repris. Combien madame Lavalette devait être à plaindre si elle cherchait dans les papiers publics une diversion à ses peines d'alors ! Une pareille exécution, outre les mauvais traitements dont elle avait à souffrir, devait lui laisser peu de confiance dans la miséricorde de ses persécuteurs. Il n'y avait pas de jour où il n'y eût des arrestations, des procès, des condamnations à mort, *sans grâce !* Les conseils de guerre, les cours d'assises et les cours prévôtales fonctionnaient sans cesse ; ceux que les sentences fatales ne pouvaient atteindre, fuyaient, proscrits, sans savoir où trouver un asile.

La Belgique recevait, de plus puissants qu'elle, l'ordre de chasser de son territoire tous les exilés, à moins qu'une permission expresse de séjour ne leur fut accordée par la Sainte-Alliance. Le gouvernement suisse allait au-devant de ces mesures sévères ; il repoussait les proscrits, et faisait chercher partout le malheureux Lavalette. Les officiers anglais qui avaient aidé à sa fuite furent arrêtés le 14 janvier, et ils expièrent, par trois mois de prison, les nobles sentiments d'humanité dont ils avaient donné un si bel exemple pour un homme qui leur était tout à fait étranger. Dès le 18 janvier, les journaux nous avaient dit Lavalette réfugié en Bavière ; mais nous ne fûmes réellement rassurés sur lui que lorsque nous sûmes, par la grande-duchesse de Bade, qu'il était passé par Carlsruhe.

Dans l'isolement profond où nous vivions, la reine reçut pourtant plusieurs marques de souvenirs affectueux, auxquels elle fut très sensible. A peine fut-elle arrivée à Constance, que la princesse régnante de Hohenzollern-Sigmaringen se rappela à elle de la manière la plus tendre ; nous ne fûmes pas plutôt installés dans notre demeure, que cette princesse vint y passer un jour avec elle. Née princesse de Salm-Kirbourg, elle avait épousé fort jeune le prince de Hohenzollern-Sigmaringen ; elle avait beaucoup vécu à Paris, chez son frère, qui avait fait bâtir le délicieux hôtel de Salm, aujourd'hui le palais de la Légion d'honneur. La princesse s'était liée intimement avec M. le vicomte de Beauharnais et sa jeune et aimable compagne. Lorsque les malheurs de la révolution arrivèrent, M. et madame de Beauharnais, inquiets pour leurs enfants, les confièrent à la princesse et à son frère le prince de Salm, qui se réfugiaient en Angleterre ; mais un décret ayant été rendu contre les individus qui émigreraient, M. de Beauharnais ne voulut plus que ses enfants quittassent la France, et il les fit redemander à la princesse, qui était encore dans une terre de son frère, près de Saint-Pol, en Flandre. Elle revint à Paris pour y ramener Eugène et Hortense. Cette circonstance fit qu'elle ne quitta pas la France. Son frère, plus tard, fut emprisonné et périt sur l'échafaud. Lorsque M. et madame de Beauharnais furent arrêtés à leur tour, leurs enfants, abandonnés aux soins d'un précepteur et d'une gouvernante, retrouvèrent dans la princesse de Hohenzollern la tendresse et la sollicitude d'une mère. Tous les jours on les conduisait près d'elle, au palais de Salm, qu'elle habitait encore sous la garde d'un gendarme.

Lors des grandeurs de l'empire, l'impératrice Joséphine et la reine Hortense furent heureuses de se rappeler la reconnaissance qu'elles devaient à l'affection et à la sollicitude de la princesse ; et les princes de Hohenzollern-Sigmaringen furent toujours bien traités par l'empereur Napoléon, qui fit épouser au fils de la princesse une nièce de Murat, qu'il avait fait élever et qu'il dota avantageusement.

Le voisinage de Sigmaringen entrait pour quelque chose dans le désir que manifestait la reine de se fixer à Constance. Le malheur qui lui avait valu les soins de l'excellente princesse de Hohenzollern-Sigmaringen dans son enfance était revenu et elle retrouvait en elle, comme dans les temps passés, l'affection d'une mère tendre.

La princesse avait été une des plus belles personnes de son temps ; lorsque nous la revîmes à Constance, elle était encore charmante ; sa bonté, son esprit vif et cultivé, le calme et l'élégance de ses manières avaient survécu à l'âge, et en faisaient toujours une femme aimable et remarquablement distinguée. La reine, qui lui était fort attachée, ne tarda pas à lui rendre sa visite à Sigmaringen où elle fut reçue comme elle l'eût été du temps de sa haute fortune ! Cette noblesse de cœur, cette véritable grandeur, ne se trouve pas chez tous les princes comme dans la maison de Hohenzollern.

Depuis quelque temps la religion semblait reprendre vigueur en France, et les journaux étaient remplis de récits d'actes pieux : c'étaient des sermons, des conférences, des services expiatoires, des anniversaires, des commémorations funèbres et des attendrissements incessants sur les victimes des vingt dernières années. On venait de retrouver le testament de Marie-Antoinette chez le conventionnel Courtois ; on l'imprimait, on le distribuait, on en faisait le sujet de communications aux deux Chambres ; mais personne ne souffla jamais un mot des lettres de Louis XVIII, conservées par la même occasion.

On commençait aussi à parler du mariage du duc de Berri : c'était un espoir pour les malheureux atteints par la tourmente politique ; car on ne doutait pas que le gouvernement ne profitât de cette circonstance pour accorder quelques grâces. En attendant, la sévérité était toujours la même, et cette intéressante madame Lavalette, qui était si malade en prison, ayant demandé, le 27 janvier, à se faire soigner chez elle sous caution, ne put l'obtenir ; ce ne fut que le 18 mars qu'elle recouvra sa liberté ; mais trop tard pour rappeler sa raison qui avait succombé à tant d'épreuves.

Une grande joie se préparait pour la reine ; ses maux allaient, pour quelques jours, être suspendus, oubliés dans l'épanchement de cette amitié qui avait été toute sa vie la consolation à ses peines, et la plus pure comme la plus noble de ses jouissances : le prince Eugène, son frère chéri, allait venir la voir.

Depuis qu'elle était à Constance, elle recevait souvent de ses nouvelles, et c'était là un grand allègement à ses ennuis. Quoiqu'il fût le seul appui qui lui restât, elle n'avait pas l'idée d'aller se réunir à lui ; elle craignait de le compromettre, de gâter sa position en s'y associant ; et le bonheur, la tranquillité que goûtait ce bien-aimé frère, passait pour elle avant tout. La reine comptait les jours en l'attendant, et retrouvait à son approche la vivacité, la gaieté et presque la santé de la première jeunesse. Elle allait d'un pas léger d'une pièce à l'autre de sa modeste habitation, pour voir si tout était en ordre ; elle avait présidé elle-même à l'arrangement de la chambre qu'elle destinait à son frère ; elle y retournait maintes et maintes fois pour voir s'il n'y manquait rien ; son visage se ranimait en parlant de lui, et chaque bruit de voiture la faisait tressaillir comme l'annonce de son arrivée. Il vint enfin ! Que de choses ils avaient à se dire ? Ils se contèrent réciproquement leurs souffrances et leurs inquiétudes l'un pour l'autre. La reine avait espéré que, pendant cet hiver si solitaire, si paisible et si rigoureux, elle avait été oubliée et que les craintes qu'elle inspirait s'étaient enfin calmées ! « Détrompe-toi, lui disait son frère, la haine et la malveillance ne dorment jamais. » Les uns la trouvaient trop près de France ; qu'était-elle donc venue faire à Constance ? Comme si elle avait eu le choix d'aller où elle voulait ! D'autres lui imputaient à tort les secours qu'elle avait donnés à de malheureux réfugiés qui s'étaient adressés à elle, surtout aux conventionnels. « Tu auras beau faire, lui disait le prince Eugène, on te fera toujours agir d'après ta position politique, et jamais d'après ton caractère et tes sentiments particuliers. »

Ce bon, cet aimable prince passa avec nous la semaine sainte, et ce temps s'envola comme un éclair pour sa sœur ; elle lui contait ses plans pour l'avenir, toujours basés sur la possibilité de s'établir à Constance ; à force de chercher, elle avait trouvé dans les environs un site admirable pour lequel elle s'était passionnée ; c'étaient les bois de Lorette, à proximité de Constance, du côté du grand-duché de Bade ; une petite maison de paysans, au bord du grand lac et au bas d'un petit enclos, sur le penchant d'une colline, avait été à vendre ; la reine avait fait acheter, sous un prête-nom, cette petite bicoque, en attendant que la permission de se fixer dans le pays lui fût bien positivement accordée. Elle mena son frère voir sa nouvelle propriété et lui expliqua sur les lieux le parti qu'elle voulait en tirer : la bicoque était destinée à servir d'écurie, et un joli pavillon d'habitation devait être construit en haut de l'enclos, d'où l'on jouit d'un admirable point de vue. Pour que tous les projets de la reine fussent praticables, il fallait que le grand-duc de Bade consentît à lui vendre une partie de la forêt, dont les beaux arbres promettaient à la reine des promenades ravissantes et un parc digne de son bon goût.

Le prince Eugène nous quitta, emportant avec lui, non seulement la gaieté et le bonheur, mais les projets et les espérances.

La reine avait écrit au grand-duc, pour obtenir de lui la cession des bois de Lorette, qui autrefois avaient appartenu à l'évêché de Constance, et qui depuis étaient devenus la propriété de l'empereur Napoléon, lequel s'en était dessaisi en faveur du prince Louis de Bade pour compléter son apanage : si c'eût été une ancienne propriété de famille, la reine eût peut-être reculé devant la démarche à faire pour l'acheter, mais elle faisait si nouvellement partie du domaine de la maison de Bade, qu'il lui semblait chose facile de la remplacer par une autre propriété.

J'avais aussi écrit à la grande-duchesse de Bade, qui me disait, dans sa réponse, « que le grand-duc s'était chargé d'écrire à la reine, sur une chose qui lui aurait fait bien du plaisir, si elle eût été possible, c'était concernant la demande d'achat des bois de Lorette ; nous avons tout retourné pour pouvoir l'arranger, disait-il, mais la moindre chose substituée amène tant de difficultés, quand on veut changer de propriétaire, surtout quand le propriétaire est le prince Louis, et de plus encore, le prince Frédéric, que cela a été impossible.

Ce mécompte n'était pas le dernier pour la reine :

la visite que son frère lui avait faite avait mis toute la diplomatie en rumeur ; le prince le sut à son retour à Munich, et il lui en écrivit. Elle ne tarda pas à en avoir la preuve elle-même : au moment où elle s'y attendait le moins, elle reçut pour Brégentz un passeport qui était accompagné d'une lettre de M. de Metternich, la plus polie, la plus prévenante et la plus aimable ; il lui disait qu'ayant appris que les bords du lac de Constance lui plaisaient, il s'empressait de mettre à sa disposition un passeport pour Brégents, où elle serait traitée par les autorités autrichiennes, *avec tous les égards qui lui étaient dus.*

Il était clair qu'une fois en Autriche, la reine ne serait plus maîtresse de choisir le lieu de son séjour ; et que l'on se proposait de l'attirer en Autriche afin de la retenir prisonnière. Comme elle ne pouvait pas se méprendre sur les intentions du gouvernement autrichien, elle se décida de rester à Constance.

. . . .

Depuis la visite que le prince Eugène avait faite à sa sœur, il l'engageait dans chacune de ses lettres à venir la lui rendre. Il se faisait d'avance un vrai bonheur de la voir au milieu de sa charmante petite famille, qu'elle ne connaissait pas, tous les enfants du prince étant nés en Italie. La reine, de son côté, avait grand désir de réaliser ce projet de voyage, et elle attendait pour se mettre en route, qu'elle sût son frère à la campagne où il lui semblait que la visite qu'elle lui ferait attirerait moins l'attention qu'à Munich. Sitôt qu'elle apprit qu'il était près du lac de Wurmsée, dans une petite campagne de son beau-père, ce bon et digne roi de Bavière qui la lui avait prêtée, elle fixa le jour de son départ.

Je partis pour Berg, avec la reine et le prince Louis ; nous nous arrêtâmes à Bregentz, dans une assez mauvaise auberge, où l'on fit payer 25 *louis* le plus médiocre de tous les dîners. L'hôte, à qui on fit des représentations sur la cherté du repas, répondit que c'était le prix pour les têtes couronnées. Il affirmait que l'empereur Alexandre et l'empereur d'Autriche n'avaient pas payé moins, et il ne voulut jamais comprendre qu'une reine qui n'avait plus de couronne dût être traitée comme une simple particulière.

Avant notre départ, le gouverneur de Bregentz vint présenter ses devoirs à la reine ; mais ses politesses ne lui suscitèrent pas la tentation de renoncer à Constance, pour venir habiter une ville qui se trouvait sous la domination de l'Autriche.

Nous couchâmes le soir à Kempten : à peine étions-nous descendus à l'auberge, qu'un courrier, envoyé par le prince Eugène, accourut au-devant de la reine ; il venait lui apprendre la triste nouvelle que la dernière petite fille du prince venait de mourir. Quoique ce ne fût qu'une enfant de quelques mois, c'était une très vive douleur pour la princesse, qui avait eu, jusqu'à ce jour, le bonheur d'élever heureusement ses charmants et nombreux enfants.

La reine, qui avait tant souffert de la perte d'un enfant déjà grand, connaissait la peine que devait éprouver sa belle-sœur : elle s'associa de cœur à ses chagrins, qui firent évanouir toutes les joies produites par la certitude de notre venue prochaine ; et pourtant que de consolations restaient à la princesse, qui voyait grandir autour d'elle sa jolie famille ! A notre arrivée à Berg, la reine fut reçue et fêtée avec une grâce charmante par tout ce petit monde ; je n'ai jamais vu autant de délicieux visages réunis, c'était une véritable *nichée d'amours*. L'aînée était une jolie petite fille de sept ans, nommée Joséphine, dont la beauté a tenu tout ce qu'elle promettait alors ; à seize ans, elle fut mariée au prince royal de Suède. Il n'y avait certainement pas en Europe, à cette époque, une princesse plus belle, et dont l'éducation eût été plus soignée. Sa sœur Eugénie, un peu moins âgée qu'elle, sans avoir dans les traits la régularité idéale de sa sœur, était un petit ange de grâce, de fraîcheur et de gentillesse. D'un an plus jeune, le prince Auguste était un superbe enfant, qui était fort bien élevé, il montrait les plus heureuses dispositions, et nul doute qu'il ne dût être un prince aimable et distingué ; il était destiné à faire un jour l'espoir et l'orgueil de sa famille. Le quatrième enfant était une fille, un bijou, un véritable amour ; lorsque à seize ans, elle épousa don Pedro, il était impossible de ne pas la comparer à un frais bouton de rose ; sa beauté en se développant a pris un autre caractère, et l'impératrice du Brésil sera toujours citée comme une personne aussi remarquable par ses formes admirablement suaves, que par les qualités de son âme, et le charme qu'elle répand autour d'elle.

« Voilà la tienne, dit le prince Eugène en apportant à sa sœur son cinquième enfant, qui était une petite fille toute blonde et toute rose, qui se tenait à peine sur ses pieds, je trouve qu'elle te ressemble d'une manière étonnante quand tu étais enfant, et je désire bien vivement, chère Hortense, qu'elle te ressemble en tout ! » La petite Théodelinde, déposée sur les genoux de sa tante, semblait, par sa grâce et par sa gentillesse, réaliser d'avance le vœu que venait d'exprimer son père. La princesse recueillait avec orgueil les éloges que la reine donnait à ses enfants ; mais en pensant à celle qu'elle venait de perdre, ses yeux se remplissaient de larmes.

Le prince Louis avait d'abord été un peu intimidé en voyant tant de visages inconnus ; mais il ne tarda pas à se remettre, et il eut bientôt fait connaissance avec son cousin et ses cousines ; les deux aînées s'emparèrent de lui : les jeux, les gambades commencèrent, sa gaieté et sa vivacité, ajoutées à celles du jeune cercle au milieu duquel il était introduit, finirent par le rendre des plus animés et des plus bruyants.

Lorsque les enfants furent couchés, une causerie

non interrompue commença entre la princesse, le prince et sa sœur ; elle se prolongea si longtemps, que je tombais de sommeil lorsque le signal du repos fut donné.

Le lendemain matin, nous eûmes un grand plaisir à revoir ce bon, cet aimable Lavalette, échappé récemment à tant de dangers, et pour lequel nous tremblions depuis si longtemps ; il était caché dans une petite maison, sur les bords du lac de Wurmsée, d'où il pouvait facilement venir tous les jours au Staremberg voir le prince Eugène à des heures convenues, durant lesquelles il était sûr de ne trouver personne.

Je l'embrassai de bon cœur ; et ce fut avec un bien vif intérêt que nous écoutâmes le récit de toutes ses tribulations depuis que nous l'avions quitté à Paris ; ces détails qu'il nous raconta n'étaient alors connus que de quelques personnes.

Une fois sorti de la Conciergerie, où sa femme était restée à sa place, M. Lavalette trouva aposté, à la descente de sa chaise à porteurs, un cabriolet, où un de ses amis, qu'il ne reconnut pas d'abord, le fit monter. Cet ami le conduisit dans une maison qui lui était tout à fait inconnue ; là il fut logé dans une mansarde, où il ne passa pas moins de trois mois à attendre que les recherches que l'on faisait pour le trouver se fussent un peu ralenties. Afin d'éviter toute espèce d'indiscrétion, il était servi dans son galetas par les personnes mêmes qui lui accordaient gratuitement une hospitalité si dangereuse, et d'autant plus méritoire qu'elle compromettait leur existence et celle de leur famille, en blessant, par cette générosité, le gouvernement de qui elles tenaient l'emploi qui les faisait subsister. M. le comte Lavalette appelait de tous ses vœux le moment de les débarrasser de sa présence, qui pouvait leur être fatale. Ce moment arriva enfin, et ce fut M. Robert Wilson qui conduisit M. de Lavalette hors du territoire, et qui, comme on l'a vu, s'attira ainsi la vengeance des Bourbons. Heureusement le trait d'humanité des hôtes du pauvre fugitif resta ignoré et n'eut pour eux aucun fâcheux résultat. On ne peut célébrer et citer en exemple un dévouement aussi désintéressé que celui de ces deux officiers anglais, sauvant un homme auquel ils étaient complètement étrangers, un homme dont le malheur était le seul titre à une assistance dont la tentative était déjà périlleuse.

Lavalette parvint à se rendre à Munich, près du prince Eugène, qui se hâta de confier à son beau-père l'arrivée du proscrit. Cet excellent roi Maximilien n'était pas plus que les souverains du second ordre le maître de faire ce qu'il voulait dans ses États, et il ne doutait nullement que si la présence de Lavalette en Bavière était connue, le gouvernement français ne le réclamât, et que son extradition ne fût ordonnée par les hautes puissances ; il recommanda donc à son gendre le secret le plus absolu, et lui-même se promit bien de ne parler à qui que ce fût de l'arrivée du comte, pas même à son fils le prince royal, qui sympathisait trop avec les idées de la Sainte-Alliance, pour qu'on pût lui faire une confidence pareille.

Le prince Eugène fit partir secrètement Lavalette pour le lac Staremberg, où on lui loua, chez le concierge d'un château abandonné, une petite chambre, dans laquelle il se tint soigneusement enfermé.

Le lac Staremberg est un des plus jolis sites des environs de Munich, dont il n'est qu'à sept lieues. Dans la belle saison, la société de cette ville y fait de fréquentes parties de campagne, pour se dédommager de l'aridité des alentours de la capitale. A l'arrivée de chaque bande joyeuse, Lavalette quittait son réduit et allait bien loin passer sa journée au fond des bois, pour ne rentrer qu'à l'heure où les citadins regagnaient leurs foyers. Une lettre du prince Eugène le prévint un jour que nombre de personnes de la haute société de Munich, et parmi elles des étrangers de distinction, devaient se rendre le lendemain en promenade au lac de Staremberg, et qu'il eût à s'en éloigner. Dès le matin, Lavalette s'enfonça dans les montagnes, et ne revint qu'à la nuit close, lorsqu'il put croire que tous les visiteurs du lac étaient repartis pour la capitale. Au moment où il rentrait dans son modeste gîte, la première personne qu'il rencontra fut le duc d'Alberg : contrariété d'un côté, mécontentement de l'autre ; mais enfin, il n'y avait pas à reculer. Lavalette, se voyant découvert par le duc d'Alberg, l'emmena dans sa chambre, et lui exposa *en ami* le danger de sa position, qu'il devait parfaitement comprendre, lui qui était homme politique. Lavalette le *supplia en grâce* de lui garder un secret d'où dépendait sa tranquillité et peut-être sa vie. Le duc le lui promit. « Mais vous m'accorderez bien la permission, mon cher, ajouta-t-il, de vous amener ma femme, qui est ici avec moi : elle sera si heureuse de vous voir ; elle a pris tant de part à tout ce qui vous est arrivé, que vous ne lui refuserez pas la satisfaction de vous savoir en sûreté et si près de nous ! »

Lavalette y consentit. M. d'Alberg le quitta, et revint bientôt avec madame la duchesse d'Alberg, qui se jeta dans ses bras, tout émue de voir une connaissance qui avait échappé si miraculeusement à de si grands dangers. On se sépara fort satisfaits les uns des autres, et Lavalette se félicita de cette rencontre, qui lui avait valu de si doux témoignages d'intérêt.

Peu de jours après, M. le duc d'Alberg, se trouvant dans un cercle nombreux chez le premier ministre du roi de Bavière, l'étonna beaucoup en faisant le récit de sa journée au lac de Staremberg. « Devinez qui j'ai rencontré, disait-il à chacune des personnes présentes. Je vous le donne en cent, en mille ; vous ne le devinerez pas ! J'ai retrouvé Lavalette caché au bord du lac de Staremberg. » Le maître du logis fronça les sourcils, les diplomates des différentes cours se regardèrent, et le roi ne tarda pas à faire dire au prince

Eugène qu'il fallait que Lavalette, qui était caché sous le nom de *M. Cossart*, quittât promptement sa retraite : on lui désigna plus loin un nouvel exil, où il périssait d'ennui et du *spleen*. Mais le prince Eugène étant venu au lac Staremberg pour une partie de la belle saison, lui fit dire qu'il pourrait de nouveau s'établir dans les environs ; et je ne fus pas celle qui jouit le moins de ce rapprochement.

Je suis étonnée de ne pas trouver cette rencontre avec le duc d'Alberg dans les mémoires de Lavalette qui ont paru après sa mort ; mais ce n'est pas la seule chose qui m'y semble étrange : *le rire épileptique de l'empereur*, et *Hortense Beauharnais placée chez une couturière*, sont des niaiseries de pure invention qui ne seraient jamais sorties de la plume de Lavalette, pas plus que l'éloge du duc d'Orléans qui s'y trouve en 1831. Je reviendrai sur toutes ces choses lorsque j'aurai à parler des véritables mémoires de M. Lavalette, c'est-à-dire de ceux dont il nous faisait lecture en petit comité.

La reine de Bavière, apprenant la mort de l'enfant que sa fille, la princesse de Leuchtenberg, venait de perdre, vint lui témoigner la part qu'elle prenait à son chagrin. Elle fut charmée de trouver la reine Hortense à Berg, et y passa une journée avec la duchesse de Deux-Ponts, tante de son mari. Jamais on ne vit meilleur ménage, d'intérieur plus patriarcal que celui du roi de Bavière : il avait une tendresse extrême pour sa femme, qu'il entourait des soins les plus tendres, et qui les lui rendait avec la même affection. C'est à juste titre que, par ses vertus et son esprit, la reine de Bavière est citée comme l'une des princesses les plus distinguées de l'Europe. Elle fut parfaite pour la reine, et lui témoigna la même amitié et le même empressement qu'elle lui eût montrés autrefois. Certes, de si nobles procédés étaient louables à cette époque où les haines de partis mettaient la reine Hortense à l'index de toutes les cours d'Europe, et où des égards pour elle exposaient à la malveillance de la Sainte-Alliance, alors si étroitement une dans son despotisme.

Les jours agréables que nous passâmes à Berg s'écoulèrent rapidement, et nous reprîmes la route de Constance. Ma mère chérie nous y attendait, et je laisse à penser quel fut mon bonheur de la revoir. Mademoiselle Élisa de Courtin était venue avec elle ; le contentement régnait sur tous les visages en voyant notre petite colonie française s'augmenter ainsi.

La santé de la reine, si frêle pendant l'hiver que nous venions de passer, ne s'était point remise à la belle saison : à la moindre variation de l'atmosphère, sa poitrine s'irritait ; elle en souffrait horriblement ; sa pâleur et sa maigreur étaient des plus alarmantes. Les médecins du pays lui conseillaient d'aller passer une saison à Geiss, dans des montagnes de l'Appenzell, pour y prendre des bains de petit-lait et le boire. La reine se décida à suivre leur avis.

Elle écrivit au landmann de ce canton, M. de Z***, pour obtenir son agrément, et elle ne tarda pas à recevoir de lui une réponse fort polie et fort gracieuse, d'après laquelle elle se disposa à passer une partie du mois de juillet dans les montagnes.

Elle laissa son fils à Constance aux soins de l'abbé Bertrand et de M. de Marmold ; la présence de ma mère, de mademoiselle de Courtin et de mon frère était pour elle un garant de plus que son fils, bien qu'elle s'éloignât de lui, n'était entouré que de personnes dévouées. Je partis seule avec la reine, n'ayant pour toute suite qu'une femme de chambre et un domestique.

Nous nous installâmes dans une maison fort modeste, où nos journées étaient non seulement dépourvues d'intérêt, mais même de toute occupation sérieuse. La reine se promenait le matin en buvant son petit-lait ; puis venait l'heure du bain. Comme elle aimait à respirer le plus possible l'air si pur des montagnes, nous passions toutes les après-midi dehors à nous promener dans les sentiers qui coupent les gras pâturages auxquels on est redevable de ce lait délicieux qui rend la santé à des milliers de malades ; nous errions sans but, au hasard, et toutes nos distractions, pendant ces courses, se bornaient à chercher des trèfles à quatre feuilles, en y attachant telle ou telle idée. « Si d'ici là je trouve un trèfle à quatre feuilles, ce sera signe que nous rentrerons en France bientôt ; ou bien, je recevrai une lettre de mon fils demain, etc., etc. » Les enfants du pays, qui s'étaient aperçus du plaisir que nous éprouvions lorsque nous avions réussi dans nos explorations, se mirent à nous aider ; ils nous apportaient des bouquets énormes de trèfle à quatre feuilles, ce qui ne remplissait pas du tout notre but, et diminuait d'autant nos chances de réussite.

Nous quittâmes Geiss, sans avoir obtenu de ce séjour tout le bon effet que nous en avions attendu.

A mon retour à Constance, je trouvai plusieurs lettres de Paris qui me causèrent de la peine et me remplirent d'indignation ; je n'avais rien au monde de plus précieux que ma correspondance et mes papiers ; c'était ce à quoi je tenais le plus et la police venait de s'en saisir. Pour en venir à une mesure qui aurait dû répugner à la délicatesse d'un galant homme, M. Decazes, bien secondé par M. Anglès qui était préfet de police, supposa sûrement que quelque grand secret politique m'avait été confié.

En quittant Paris, j'avais confié à une de mes amies, à madame D..., tous les effets et objets que je ne pouvais emporter avec moi, ainsi que les meubles qui m'avaient été donnés par la reine.

Un matin, le commissaire de police, escorté de plusieurs de ses agents, arriva chez madame D..., et la somma de lui remettre tout ce qu'elle avait en garde à *mademoiselle Cochelet* ; il fit ensuite une exacte perquisition et s'empara de tout ce qui lui sembla contenir des papiers. Quelques jours après, on fit avertir madame D... de venir à la préfecture de police pour assister à l'ouverture des malles, caisses, boîtes, portefeuilles enlevés de son domicile. Elle s'y rendit : on la questionna longuement sur nos relations ; on brisa les serrures de plusieurs portefeuilles et coffrets, dont je ne lui avais pas laissé les clefs ; on lut toutes les lettres, puis, à chacune d'elles, on demandait à madame D... des explications sur ce qu'elle contenait, et comme elle refusait d'en donner : « Vous savez tout, madame », lui disait-on.

Toutes ces recherches étaient faites pour retrouver les traces de *l'immense complot qui avait ramené l'empereur de l'île d'Elbe :* car on croyait, ou du moins on feignait toujours de croire que ce retour magique était le résultat d'une conspiration.

Parmi les lettres faisant partie de ma correspondance, un grand nombre étaient signées de simples noms de baptême ; celles-ci furent pour messieurs les inquisiteurs un grand sujet de gaieté qui se calma pourtant. « Ah ! ah ! dirent-il, quel est donc ce monsieur *Louis* dont la galanterie s'explique d'une manière si poétique ? — C'est le prince de Mecklembourg-Schwerin ? — Et cet *ami si dévoué* qui s'appelle *Léopold* ? — C'est le prince de Cobourg, aujourd'hui l'époux de la princesse Charlotte, héritière de la couronne d'Angleterre », répondit madame D... dont le dépit augmentait à mesure que les questions se multipliaient. « Voilà un monsieur *Charles* dont l'estime et le respect sont sans bornes ? — C'est le prince primat » ; et ces messieurs de continuer leurs plaisanteries. Les lettres de l'empereur de Russie, qui étaient en assez grand nombre, étaient toutes signées *Alexandre ;* ils demandèrent à plusieurs reprises à madame D... qui se fatiguait de répondre : « Quel est donc ce monsieur Alexandre qui parfois parle si légèrement des Bourbons ? — Comment, messieurs, vous ne reconnaissez pas les armes de l'empereur de Russie ? » Ils restèrent stupéfaits, et pour essayer de sortir de leur fausse position, ils demandèrent en ricanant, d'une manière goguenarde qu'on pourrait qualifier d'insolente : « *Mademoiselle Cochelet est-elle jolie ?* — Telle qu'elle est, messieurs, leur répondit madame D..., vous êtes à même de juger comme moi d'après le contenu de ces lettres et les expressions dont l'empereur Alexandre se sert, de l'estime qu'il lui porte et des relations qu'il avait avec elle. »

Parmi les bijoux, il y avait une magnifique ceinture de camées qui les frappa ; ayant appris qu'elle appartenait à la reine, ils voulurent s'en emparer, et madame D... eut mille peines à en obtenir la restitution, bien qu'elle eût fait observer qu'on n'avait aucun droit de retenir ce qui était à la reine, puisqu'elle avait encore des propriétés en France, et que le terme fatal fixé par la loi pour la saisie n'était pas encore expiré.

J'avais alors cette manie des autographes, qui, depuis, est devenue un goût presque général ; dans le nombre de ceux que je possédais, était une lettre d'une madame de Staël sous le règne de Louis XIV : comme elle y parlait assez lestement de la cour d'alors, on crut ou l'on feignit de croire qu'elle était de l'époque actuelle.

Lorsque tous les papiers furent examinés, on mit le même soin à visiter tous mes effets. J'aimais les odeurs, j'avais une quantité de sachets charmants, de toute sorte de grandeurs, dont les parfums étaient variés et les enveloppes des plus soignées comme des plus élégantes ; on ne prit pas la peine de les découdre, mais on les coupa tous pour s'assurer de ce qu'ils contenaient.

Ce dernier trait mit madame D... hors d'elle-même : « En vérité, messieurs, c'est charmant, vous me rajeunissez de vingt-trois ans, car je me crois en 93. » Cette exclamation blessa beaucoup ces messieurs, mais ne ralentit point leur zèle. Le commissaire de police, qui était un émigré rentré appartenant à l'ancienne noblesse, fut particulièrement offusqué de ce qui était échappé à madame D... Cette scène, qui avait duré depuis six heures du soir jusqu'à deux heures dans la nuit, se passait dans une espèce de couloir ouvert à toute la tourbe des agents de police, qui venaient les uns après les autres fureter dans les coffres, lire les lettres, examiner les bijoux que l'on espérait être de bonne prise, comptant bien sur l'autorité de M. le préfet pour s'en emparer ; mais il ne pouvait la donner, et les effets furent rendus à madame D..., qui était tellement outrée de la manière dont on s'était conduit en cette occasion, qu'elle voulut s'en plaindre à M. le préfet de police ; elle ne put jamais arriver jusqu'à lui.

Quant à mes lettres, M. le préfet de police n'ayant pas eu le temps d'en prendre connaissance dans le moment, on les mit sous le scellé et l'on renvoya madame D..., après lui avoir assigné un jour où elle viendrait de nouveau assister à la continuation de cet examen et répondre aux nouvelles questions qui lui seraient adressées.

Lorsque madame D... vint derechef au jour indiqué elle fut reçue dans une chambre particulière, par le commissaire de police seul, qui lui dit en l'abordant : « Vous vous êtes plainte, madame ? — Oui, monsieur, je me suis plainte à M. le préfet de la manière inconvenante avec laquelle on a agi envers moi et envers mademoiselle Cochelet absente. Vous pouviez avoir le droit de faire vos recherches, mais pas de cette façon. Mademoiselle Cochelet pouvait avoir des secrets de famille dont vos alguazils n'avaient pas le droit de prendre connaissance ; c'est un abus d'autorité sans exemple comme sans excuse. — Aussi, madame, m'avez-vous adressé des paroles très dures en faisant allusion à 93 ! Je suis un homme comme il faut, peu habitué au métier que j'exerce, et que les malheurs de la révolution m'ont forcé d'accepter. — Raison de plus, monsieur, pour en agir différemment avec les personnes qui, à leur tour, éprouvent les mêmes malheurs que vous avez ressentis autrefois. »

Mais il n'y avait pas moyen de s'entendre avec cet homme, qui était devenu, je ne sais pourquoi, un ennemi acharné de tous les bonapartistes ; tandis que c'était aux républicains de son temps qu'il aurait dû garder rancune. Lorsqu'on procéda à la levée des scellés et au dépouillement des lettres qu'ils renfermaient, madame D... s'aperçut que la corde avait été placée de manière à ce que l'on pût tirer tous les papiers sans la détacher ; on les parcourut à peine, puis on les rendit à madame D... pour qu'elle les remportât. Rentrée chez elle, mon amie se hâta de les mettre en ordre, et quoiqu'elle n'en sût pas exactement le nombre, elle s'aperçut qu'il en manquait une assez grande quantité, parmi lesquelles *toutes celles de l'empereur de Russie*, auxquelles on avait fait tant d'attention le premier jour. Madame D... réclama vivement contre *ce vol manifeste*, et fit faire toutes les démarches imaginables pour obtenir justice, mais ce fut en vain.

Aucune expression ne saurait peindre mon indignation, en apprenant les détails de cette affaire : mue par ce sentiment, j'écrivis à M. Decazes, et je fis part également à l'empereur Alexandre de ce qui venait de m'arriver.

Je ne reçus aucune réponse à mes deux lettres ; M. Decazes, en zélé courtisan, avait d'abord donné lecture à Louis XVIII de la correspondance de l'empereur Alexandre, puis il l'avait renvoyée à ce dernier ; et le souverain du Nord, retrouvant dans la conduite du ministre français tout ce qui caractérise le despotisme de son gouvernement, n'avait eu garde de le blâmer.

Dans les derniers jours d'août, la reine eut le bonheur de voir arriver son frère avec sa femme, la princesse Auguste, qui, pour la première fois de sa vie, voyageait sans dames d'honneur. C'était pour le prince Eugène une espèce de bonne fortune d'avoir pu enlever sa femme et la faire monter dans sa voiture sans qu'il y eût avec elle l'éternelle surveillance qu'infligent aux princes les lois de l'étiquette. Cette infraction à cet usage, encore tout-puissant en Allemagne, mit en révolution toute la maison du prince. Madame la comtesse de Wurm, qui avait été la gouvernante de la princesse Auguste, et qui était restée sa grande-maîtresse à la cour de Milan, jeta les hauts cris en la voyant partir seule avec son mari : elle ne cessait de répéter qu'on n'avait jamais vu *une princesse royale de Bavière voyager ainsi comme une simple bourgeoise*. Cette susceptibilité de madame la comtesse de Wurm sur l'étiquette des cours lui avait valu mille plaisanteries de la part du prince Eugène.

La reine et moi nous faisions de fréquentes courses dans les environs de Constance, toujours dans l'intention de trouver un joli site où nous établirions notre colonie ; mais c'était à présent vers la Suisse que se tournaient tous les plans de la reine. Les magistrats du canton le plus voisin de nous, celui de Thurgovie, faisaient dire à la reine que, si elle voulait se fixer dans leur pays, elle y serait *soutenue par les autorités et par le peuple !* Ce canton, comme tous ceux de nouvelle formation, était démocratique et dans une ligne d'opinion politique qui nous était tout à fait favorable. Ce fut donc de ce côté que se tournèrent toutes nos recherches.

Mes courses à moi ne se bornèrent pas là : j'entendais parler, depuis longtemps, de l'abbaye d'Einsielden, que sa dévotion à Notre-Dame-de-Lorette avait rendue l'un des plus célèbres pèlerinages de l'Europe ; un but pieux se mêlant à un sentiment d'intérêt et de curiosité, je fis, avec mademoiselle Élisa de Courtin et madame Samstini (la propriétaire de la maison que nous habitions à Constance), le projet d'y faire un voyage, auquel la reine ne s'opposa pas. La beauté pittoresque du pays que nous parcourûmes ; la position de l'abbaye, sa magnificence ; la piété du digne prêtre qui la desservait, tout nous charma et nous satisfit. Il y a d'ailleurs dans l'accomplissement des devoirs religieux un sentiment de calme, une abnégation des choses de ce monde, qui donnent à tout ce qui est en nous un bien-être que rien ne saurait égaler. On aime davantage la nature, en se rapprochant de celui qui la créa. L'admiration, la reconnaissance pour Dieu et ses œuvres, éloignent de nous toutes ces petitesses de l'esprit mondain qui nous portent à critiquer sans cesse, et quelquefois sans raison, les objets qui frappent nos yeux. Nous revînmes donc fort satisfaites de ce que nous avions vu, contentes des autres et de nous-mêmes.

A peine fûmes-nous de retour, que je reçus, de notre respectable confesseur, une lettre de remercîment pour un très modeste souvenir que je lui avais laissé. Le digne homme n'y avait vu que l'intention, et, pour cela, il y attachait le prix que j'aurais voulu y mettre moi-même.

Nous fîmes à la reine un tel récit de notre voyage, de ce que nous avions éprouvé, qu'elle désira, à son tour, faire la même course. Elle profita pour cela des derniers beaux jours de l'automne, et je partis seule avec elle pour revoir encore une fois ces montagnes qui m'avaient charmée, ce temple que la piété s'efforçait de rendre digne de celui auquel il était élevé, et ces vénérables serviteurs de Dieu, dont la parole avait été un baume pour les blessures de mon âme.

La reine fut reçue, à l'abbaye d'Einsielden, avec toutes les marques de respect et de distinction imaginables. On lui fit occuper le plus bel appartement destiné aux étrangers, et la bienveillante hospitalité qu'elle recevait là semblait vouloir lui faire retrouver, chez ces dignes ecclésiastiques, tous les honneurs qu'elle avait perdus depuis la chute de sa position élevée.

De retour à Constance, la reine voulut envoyer un

souvenir du court séjour qu'elle avait fait à Einsielden : elle me chargea d'adresser au Père abbé une branche d'hortensia en diamants qui autrefois avait paré sa tête dans les jours de gloire et de grandeur, pour en faire hommage à l'image de la Vierge, qui est, dans leur église, l'objet d'un culte particulier. Cette fleur brillante, dépouillée des pompes du monde, déposée au pied de l'image en bois de la Vierge qui fut, sur la terre, humble et résignée, exprimait bien les sentiments de celle qui l'offrait, le néant des grandeurs qu'elle avait perdues, et les consolations que son âme venait demander à celle dont le cœur maternel avait tant souffert.

L'hiver était venu : le froid, la neige, nous rendaient plus casaniers ; de longues lectures remplaçaient les grandes courses que le mauvais temps interrompait. Les soirées nous réunissaient pour un nombre d'heures que ma mère venait toujours passer avec nous. Elle aimait de passion à faire sa petite partie de boston. L'abbé et M. de Marmold avaient le même goût ; et la reine, pour complaire à tous les trois, se résignait de bonne grâce à faire, tous les soirs, le quatrième. Elle n'aimait pas le jeu ; comme je m'en étonnais : « Cela me repose, disait-elle ; pendant ce temps je ne pense pas, je ne parle pas, et cette absence de toute sensation, pendant quelques moments, me fait du bien. »

La reine passait, comme d'ordinaire, les matinées chez elle à s'occuper seule. C'est alors que le besoin de répondre aux faussetés, aux calomnies qui se publiaient depuis deux années, lui donna l'idée d'écrire ses mémoires. C'est sous l'impression du moment, lorsque les événements étaient encore palpitants de l'intérêt qu'ils avaient pour elle, que la reine les écrivait. C'était pour elle comme un besoin de conscience de rétablir les faits dans leur véritable jour, de répondre victorieusement aux accusations calomnieuses dont l'empereur avait été l'objet ; ses intentions méconnues, ses actions dénaturées, ne pouvaient être mieux expliquées que par la personne qui, ayant toujours vécu près de lui, connaissait ses idées et son caractère. La reine, d'ailleurs, s'était fait une espèce d'habitude et de besoin de se rendre compte à elle-même de tout ce qu'elle entendait dire ou de ce qu'elle voyait faire à l'empereur. Il lui était arrivé souvent de tomber dans l'erreur du vulgaire et de blâmer une mesure dont plus tard elle reconnaissait la haute portée, soit d'après de nouvelles réflexions, soit que les faits se justifiassent d'eux-mêmes.

Les mémoires de la reine, commencés à Constance en 1816, ne verront le jour qu'après elle. Elle les a continués depuis, en revenant sur toutes les années antérieures à celles où elle les a commencés ; c'est un *legs* qu'elle a préparé et qu'elle laissera aux historiens que le temps aura rendus impartiaux, et qui voudront écrire l'histoire de notre époque d'une manière précise et véridique.

L'éducation du prince était la première préoccupation de la reine, comme sa tendresse pour lui était son sentiment le plus vif ; elle lui donnait elle-même les leçons d'agrément, le dessin et la danse (les maîtres manquant) ; le soir, jusqu'à l'heure où il se couchait, nos lectures étaient toujours subordonnées à ses études du moment : tantôt c'était un voyage en rapport avec ce qu'il apprenait de géographie, tantôt des traits particuliers qui se rattachaient à l'histoire qu'il étudiait. Le samedi de chaque semaine, la journée entière de la reine lui appartenait : on lui faisait répéter devant elle tout ce qu'il avait appris les jours précédents, et quoique souvent ce fût du latin ou toute autre chose aussi étrangère aux occupations de la reine, elle voulait prouver à son fils, par l'attention qu'elle portait aux moindres détails, tout l'intérêt qu'elle attachait à lui voir faire des progrès.

Le prince était d'une telle vivacité qu'il fallait vraiment toute la facilité de son intelligence précoce pour qu'il apprît quelque chose, et il était encore plus difficile à surveiller qu'à instruire : le bon abbé avait beau y mettre tout son zèle, il lui échappait souvent ; et la reine sentait qu'il faudrait bientôt confier à des mains plus fermes la direction d'un caractère aussi indépendant. Ce qui rendait la tâche du pauvre abbé Bertrand encore plus difficile, c'était cette spontanéité d'esprit qui trouvait réponse à tout, et qui voulait toujours qu'on lui rendît raison de ce qu'on exigeait de lui.

A Constance, comme à Aix en Savoie, le prince

jouait, pendant le temps de ses récréations, avec quelques enfants de notre voisinage, parmi lesquels était le fils du meunier du pont du Rhin, dont nous étions assez près, et qui, plus âgé que lui, l'entraînait quelquefois hors de l'enceinte du jardin, qu'il ne devait pas franchir. Un jour qu'il s'était échappé, et que l'abbé aux abois s'efforçait de le rappeler, je fus la première à le voir revenir de sa petite fuite : il arrivait en manches de chemise, marchant les pieds nus dans la boue et dans la neige. Il fut un peu embarrassé de me trouver sur son passage, lorsqu'il était dans un accoutrement si différent de ses habitudes. Je voulus à l'instant savoir pourquoi il se trouvait dans cet état ; il me conta qu'en jouant à l'entrée du jardin, il avait vu passer une pauvre famille si misérable, que cela faisait peine à voir, et que, n'ayant pas d'argent à leur donner, il avait chaussé l'un des enfants avec ses souliers, et habillé l'autre de sa redingote. Que de traits semblables on pourrait encore conter aujourd'hui, comme preuve de son bon cœur et de sa générosité ! J'embrassai le prince, tout émue, et courus dire à sa mère ce qui venait de se passer. Les choses de ce genre étaient ses plus vives jouissances, mais elle ne voulait jamais que l'on racontât devant son fils ce qu'il pouvait avoir fait de bien.

Les traits de la physionomie du prince, en grandissant, ont pris peut-être moins de régularité que d'expression, mais on y retrouve encore ce charme de douceur, d'esprit et de sentiment qui en faisait le plus aimable enfant qu'on pût voir. Cette expression qui vient de la sensibilité de son cœur, se joint aujourd'hui au calme énergique qui est le fond de son caractère. Son éducation simple, grave et forte à la fois, devait avoir d'heureux résultats sur une nature assez privilégiée pour que rien de bon ne pût y être perdu.

Du moment où le prince Eugène s'était convaincu que notre établissement à Constance n'était que précaire, il avait fait tous ses efforts pour attirer sa sœur près de lui, en Bavière. Ce projet souriait à tous deux ; mais la reine avait tellement peur d'être un embarras, qu'elle hésitait à céder à ses instances, et ce ne fut que lorsqu'elle eut connaissance que l'excellent roi Maximilien partageait le désir du prince Eugène, de voir sa sœur s'établir en Bavière, et que cet arrangement ne nuirait ni à l'un ni à l'autre, que la reine promit de consentir à ce qu'on lui proposait.

Le séjour de Munich ne la tentait pas ; la présence d'une cour y gâtait pour elle le bonheur de vivre près de son frère ; elle n'était pas bien décidée sur le lieu de la résidence qu'elle choisirait. Le prince Eugène lui désignait Augsbourg comme une ville assez rapprochée de Munich, pour qu'il pût venir l'y voir souvent. Il y avait en outre dans cette ville un excellent collège (1) et toutes les ressources que la

(1) Le prince Louis fit effectivement ses études en allemand dans ce collège, qu'il fréquenta pendant quatre ans avec assiduité et exactitude.

reine pouvait désirer pour l'éducation de son fils, ce qui était à ses yeux la chose la plus essentielle.

La reine recevait fréquemment des nouvelles de son frère ; un courrier qu'il lui expédia m'apporta aussi, le même jour, deux lettres du prince. Je pense qu'il sera intéressant de voir avec quelle bonhomie de bon bourgeois s'exprimait, dans la vie privée, le digne élève de l'empereur, le héros de la Bérésina, général non moins remarquable à la tête de nos armées que souverain sage, ferme et éclairé. Pendant qu'il avait gouverné le nord de l'Italie, ce capitaine illustre était à la fois modeste et simple ; et pourtant que de motifs n'aurait-il pas eus de s'enorgueillir ! A Schœnbrunn, en 1809, c'était à lui que l'empereur adressait ces paroles d'encouragement et de récompense, après le gain de la bataille de Rabb et sa jonction avec la grande armée : « Bien, mon prince, c'est ainsi qu'on devient roi. » C'était lui encore qui avait reçu de la bouche de ce maître glorieux ce témoignage, qu'après la désastreuse campagne de Russie, il lui rendit en présence de tous ses lieutenants rassemblés : « Nous avons tous fait des fautes, Eugène seul n'en a pas fait. »

Le prince primat m'écrivait aussi de son archevêché de Ratisbonne, où la Sainte-Alliance l'avait confiné, pour me rappeler son séjour à Paris, en 1807, à l'occasion du mariage du roi Jérôme avec une princesse de Wurtemberg. C'était l'époque où les rois faisaient antichambre aux Tuileries, ce qui faisait dire par M. de Montesquiou à l'empereur, qui un jour lui adressait le reproche de ce qu'étant ordinairement si exact à son service, il se trouvait en retard de dix minutes : « Que voulez-vous, sire ! en traversant les appartements j'ai été retenu par un *embarras de rois*, qui m'arrêtaient pour me demander des nouvelles de la santé de Votre Majesté. »

A cette époque si grande, si historique, rois et princes étrangers affluaient à Paris ; le prince primat était du nombre : pendant son séjour dans la capitale, il avait contracté l'habitude de se rendre tous les jours chez la spirituelle mademoiselle Fanny de Beauharnais, marraine de la reine Hortense : c'était une bien vieille et bien bonne connaissance à lui. Il y passait ordinairement une heure ; il ne prenait jamais congé d'elle sans approcher une joue de la sienne, et quelquefois les deux, l'une après l'autre. Or, un jour où la séparation avait été des plus affectueuses, le prince primat alla, en sortant de chez mademoiselle Fanny de Beauharnais, aux Tuileries, où il était attendu à dîner chez l'empereur. A peine il y est entré, qu'un valet de pied de service, s'approchant très respectueusement de lui, lui fait observer qu'il a les joues toutes rouges ; Son Altesse se rappelle aussitôt les adieux faits il y a peu d'instants à sa vieille amie, et, s'approchant d'une glace, il se voit fardé par le contact de son visage avec celui de mademoiselle Fanny de Beauharnais. Après avoir réparé ce désordre, ou plutôt cet excès de toilette, il se fait annoncer chez l'empereur, à qui il demande la permission de faire une pension de 1.200 francs à un valet de pied de Sa Majesté, qui, par un sage avertissement, lui a sauvé un ridicule que l'on n'eût pas manqué de lui appliquer ; puis le prince primat raconta ce qui lui était arrivé chez la parente de l'impératrice. L'empereur et la société en firent de grands rires ; mais celui à qui la chose fut des plus agréables et des plus avantageuses, fut le valet de pied, qui, disait-on, n'avait pas *à rougir* d'accepter les bontés du prince primat.

La vie retirée et solitaire que nous menions à Constance, sans avoir presque de relations au dehors, ne suffisait pas pour faire oublier la reine. Il nous revenait sans cesse quelques nouveaux contes faits sur elle, et ce séjour dans une ville éloignée, qui aurait dû être choisie comme un lieu d'exil, ce qui certes devait rassurer tout le monde, était précisément ce qui épouvantait ; on ne voulait pas nous y voir tranquilles, et l'on cherchait un prétexte pour nous en éloigner ; mais, comme il ne s'en présentait pas, et qu'il était difficile, dans nos actions, de trouver de quoi en créer un, on signifia tout simplement au grand-duc de Bade qu'il eût à chasser la reine de ses États, et nous vîmes bientôt arriver une personne de sa maison, un M. de Franck, qui était chargé d'exprimer à la reine les regrets du grand-duc, et la triste nécessité où il se trouvait de la prier de s'éloigner. La reine supporta cette persécution comme elle en supportait toutes choses, avec calme, résignation et dignité. Elle répondit à M. de Franck qu'elle s'éloignerait aussitôt que la saison serait moins rigoureuse, et que sa santé, toujours délicate, lui permettrait de se mettre en route.

Parmi les campagnes que la reine avait visitées près de Constance, dans le canton de Thurgovie, il y avait un site qui l'avait particulièrement frappée : c'était un petit manoir d'une apparence assez triste alors, mais dont l'exposition était charmante : bâti à mi-côte sur une espèce de promontoire, il dominait le petit lac, et l'île de Reichenau. Du côté de l'ouest, la vue se reposait sur de jolies langues de terre, plantées d'arbres, et séparées entre elles par de petits golfes de l'aspect le plus riant et le plus varié. Le village de Mannuback, son église et son presbytère se dessinaient de la manière la plus délicieuse lors du coucher du soleil. Plus haut que Mannuback, le vieux château de Salstein, de construction gothique, entouré, ou, pour mieux dire, plongé dans un massif d'arbres, dominait ce tableau, que ma plume rend bien imparfaitement. A quelque distance de la maison, vers l'autre extrémité de la propriété, la vue s'étend sur le village d'Ismatingen, si riant et si gracieusement baigné par le lac ; sur le cours du Rhin ; et enfin sur la ville de Constance et sur cette plaine liquide du grand lac, que commandent les glaciers du Cintis.

La reine, dans ses projets d'acquisition, traçait

d'avance de jolis sentiers dans le bois charmant qui garnit les flancs de la colline. A la place du poulailler et de la basse-cour, elle voulait une terrasse et des fleurs ; du rez-de-chaussée elle faisait un salon, et aujourd'hui, que toutes ces métamorphoses ont eu lieu, on a peine à croire que l'on ait pu tirer aussi bon parti de ce qui existait alors.

La reine se voyant forcée de quitter la ville de Constance, et ne voulant pas renoncer à revenir dans un pays qui lui plaisait autant, et où elle avait été si bien reçue par les habitants, se décida à acheter Arrenberg. L'acte en fut passé, le 10 février 1817, moyennant une somme de 30.000 florins. La reine était enchantée d'avoir enfin une maison à elle et un asile où reposer sa tête. C'était peu de chose ; mais elle ne souhaitait pas davantage : un toit pour s'abriter, et un coin de terre pour cultiver des fleurs. C'était dans ce séjour qu'elle se proposait de passer une partie de l'automne ; elle y tenait sous ce rapport, et plus encore par une autre considération : c'est qu'étant désormais propriétaire en Suisse, et l'étant devenue de l'agrément des autorités du canton, elle avait le droit d'y revenir quand cela lui conviendrait.

Non loin d'Arrenberg était une autre maison du même genre, que l'on nommait pompeusement le château de Sandegy. Elle était à vendre ; je l'achetai afin que ma mère pût y vivre près de moi lorsque la reine habiterait sa nouvelle propriété. Bientôt je jouis à mon tour du plaisir de posséder une retraite, dont l'arrangement et les embellissements allaient être pour moi une source de distractions pleines de charmes.

Pendant que j'étais dans l'enthousiasme de mon manoir, je reçus une lettre du prince Eugène, en réponse à quelques commissions que j'avais faites pour lui. La reine lui avait fait savoir l'obligation, où elle se trouvait, de quitter le pays de Bade, et il ne tarda pas à venir s'entendre avec elle au sujet de son installation en Bavière. En attendant, voici ce qu'il m'écrivait :

« J'ai reçu, bonne Cochelet, les divers petits objets que vous avez bien voulu nous envoyer, y compris deux pièces de belle percale pour moi, et quatre petits paniers. Je vous remercie pour tout cela. Je vous envoie, ci-joint, une lettre pour M. Macaire, qui vous remettra le montant de ces différentes notes ; plus une somme de 263 florins 9 kreutzers pour M. Hérozé, qui m'a écrit avoir mis en expédition mes étoffes. Je compte assez sur votre bonté pour espérer que vous voudrez bien lui payer la susdite somme, et lui demander un reçu que vous m'enverrez. Cela fera tout naturellement une obligation de m'écrire, et je tiens beaucoup au plaisir de recevoir de temps en temps de vos nouvelles.

« Nous parlons beaucoup de Constance, et toujours avec bonheur. J'espère que cette lettre vous arrivera assez à temps, pour dire quelque chose de ma part à votre frère, avant son départ. Ne m'oubliez pas auprès de votre mère ; un souvenir aimable à Élisa.

« Notre carnaval ne finira pas aussi gaiement qu'on l'avait cru d'abord. La reine de Bavière, toujours malade, est restée à moitié chemin de Vienne. Le roi est parti hier pour la rejoindre ; on nous assure pourtant qu'il n'y a aucun danger pour elle.

« Le prince primat, évêque de Constance, vient de mourir à Ratisbonne : voilà un deuil assez répandu en Allemagne.

« Tascher est dans son lit avec la goutte, depuis hier. J'espère qu'il sera bientôt rétabli, car vous savez que j'ai promis à mademoiselle de Mollenbach de le lui amener, et vous savez si j'aime à tenir parole.

« Je n'ai pas, d'ailleurs, grand mérite quand il s'agit d'une chose très agréable.

« Au plaisir de vous voir déguisée en poisson d'avril.

« Tout à vous,

« Eugène. »

Munich, le 15 février 1817.

Mademoiselle Ribout continuait à m'écrire, et dès les premiers temps, où il avait été question de nous fixer en Bavière, je lui avais fait part de ce projet, auquel le duc d'Otrante témoigna encore plus d'empressement à s'associer qu'à notre installation, si précaire à Constance ; et j'avoue que, pour ma part, j'aurais vu avec grand plaisir leur petite colonie se réunir à la nôtre, n'importe dans quel pays. Je reçus à ce sujet cette lettre du duc d'Otrante :

« Il paraît que vous menez une vie toute contemplative : vous songez à vos amis, mais vous ne leur écrivez pas ; du moins vous gardez avec eux un trop long silence. Les affaires dont je vous ai parlé, il y a trois mois, sont terminées ; il ne s'agit plus que de décider ce qu'on fera du personnel ; nous voulons une patrie puisque nous n'en avons plus. La pire des conditions est de dépendre de tout et de n'être protégé par rien.

« Nous discuterons, quand nous serons réunis, les propositions que vous me faites relativement à ma fille ; elle n'a encore que treize ans ; son corps est moins formé que son esprit. Croyez que je me prêterais volontiers à resserrer les liens qui m'unissent à vous. J'ai quatre enfants ; ils sont assez riches pour ne pas rechercher la fortune dans leurs alliances, et l'éducation qu'ils ont reçue leur a appris de bonne heure à apprécier les premiers biens de la vie.

« Chargez-vous de nos compliments et de nos hommages pour madame Duval et son fils (1). Mademoiselle Ribout vous écrira dans quelques jours plus au

(1) La reine Hortense et le prince son fils.

long ; j'ai voulu faire précéder ce billet, vu l'urgence. Croyez à mon attachement et à celui de ceux qui m'entourent. »

Prague, 15 février 1816.

Notre séjour à Constance n'avait duré qu'un an, et ce temps, à peu près tranquille, avait coulé doucement pour nous ; il avait été le repos après l'orage. La nécessité de chercher un autre refuge nous était donc pénible, et le déplaisir que nous en éprouvions était bien partagé par l'aimable grande-duchesse Stéphanie, qui, malgré toutes ses instances, n'avait pu épargner cette nouvelle contrariété à la reine ; son bon cœur fut horriblement froissé d'avoir échoué dans ce qu'il lui eût été si agréable d'obtenir, la continuation du séjour de la reine dans les États du grand-duc ; elle m'écrivit à ce sujet une longue lettre, dont je transcris ici les principaux passages. La grande-duchesse avait un vif désir de venir avec son mari visiter la reine à Constance ; le ministre de France en Suisse, ayant eu vent de ce projet, s'en était épouvanté. M. de Talleyrand, toujours à l'affût de tout ce qui avait rapport à la reine, voyait dans ce rapprochement de quelques instants entre deux parentes et deux femmes qui s'aimaient une conspiration tendant à mettre la monarchie bourbonienne en danger ; ce fut par ces rapports faux et malveillants que furent provoquées les démarches qui empêchèrent d'abord le grand-duc de se rendre à Constance, puis, qui l'obligèrent de congédier la reine ; la lettre que m'écrivait la grande-duchesse exprimait bien le chagrin et les angoisses qu'elle en ressentait :

« Je suis heureuse, me disait-elle, que M. de Franck vous ait convaincue, j'avais besoin de quelqu'un qui pût expliquer tout ce que j'ai ressenti dans cette circonstance. Figurez-vous, chère Louise, quel sentiment de consolation j'ai éprouvé en voyant que la reine avait deviné mon cœur ! qu'elle l'avait deviné tout entier !

« Le grand-duc, par l'attachement qu'il m'a montré, s'est rendu suspect à ceux qui ne veulent jamais séparer la personne des choses, par conséquent, cela lui a ôté la possibilité d'être aussi utile à la reine qu'il l'aurait voulu ; sans cela, n'aurait-il pas reçu la reine comme une parente, comme une amie malheureuse, n'aurait-il pas demandé qu'elle n'eût d'autre asile que dans son pays ? Tout cela était si naturel pour un cœur comme le sien, mais la méfiance de la France contre le grand-duc retombait sur la reine. Quand elle est arrivée, j'espérais qu'au milieu des événements qui se succédaient, les haines personnelles s'éteindraient, et que peu à peu on ne parlerait plus de son séjour à Constance, c'est ce qui m'a fait l'engager d'attendre avec patience : je me suis trompée, il y a des gens que tout effraye ; et l'on a mis sur le compte de la reine bien des choses auxquelles elle n'avait jamais pensé.

« On a répondu à la France que l'on attendait les décisions des souverains alliés ; cela donnera du temps.

« Que la reine sache bien que, dans toutes les occasions, comme dans toute circonstance, tout ce qui dépend de nous personnellement est à son service.

« Sa romance est charmante, et si j'étais l'hirondelle, l'hiver ne me chasserait pas ! Je ne puis dire tout ce qu'il y a de mélancolique dans ce chant ! j'ai pleuré, tant pleuré ! Je crois que je ne la chanterai jamais devant personne ; il y a des choses qui sont comme les prières, il faut les dire seul. »

Ce fut le 6 mai 1816 que nous quittâmes Constance pour aller habiter Augsbourg. Avant de s'éloigner, la reine fit encore une course à Arrenberg, pour indiquer à peu près à Vincent, qu'elle y laissait, les réparations urgentes qui devaient y être faites avant qu'elle revînt ; elle laissa quelques personnes de sa maison à Arrenberg et à Constance, n'emmenant avec elle dans ces premiers moments que ce qui lui était indispensable, en attendant que sa future demeure fût prête à la recevoir avec tout son monde.

Ici finit le manuscrit dicté par mademoiselle Cochelet, sur elle et sur la reine Hortense ; une douloureuse et affreuse maladie, à laquelle madame Parquin a succombé, le 7 mai 1835, après trois mois de souffrances, ne lui a pas permis de le continuer ! Toutefois, le terme de son récit approchait ; la reine, définitivement fixée à Arrenberg les étés, passait les hivers en Italie ou à Genève. Mademoiselle Cochelet, mariée, devenue madame Charles Parquin, établie dans sa belle propriété de Wolfeberg, en Suisse, menait ainsi deux existences séparées, quoiqu'elles continuassent de se voir intimement. Mademoiselle Cochelet étant arrivée par ce manuscrit à faire connaître, sous son véritable jour, une princesse dont l'existence politique avait été dénaturée par la méchanceté et la calomnie ; et la reine se trouvant tout à fait retirée dans la vie privée, la continuation de ces mémoires devenait indifférente au public.

La reine était à Genève avec son fils, lorsque son amie d'enfance, sa fidèle compagne pendant la bonne et la mauvaise fortune, rendait le dernier soupir dans son château, confondant, dans les regrets qu'elle avait de quitter ce monde, la reine sa bienfaitrice, un mari et une fille tendrement chéris. Quelques jours après, le courrier de Genève vint apporter à M. Charles Parquin les lettres de condoléance que la reine et le prince son fils lui écrivaient à l'occasion de la perte douloureuse qu'il venait de faire.

Nous croyons devoir insérer ici ces sentiments d'affection, de regret, d'intérêt et d'amitié qui, survivant à l'existence de madame Parquin, pour être reportés sur sa jeune et intéressante fille, honorent au plus haut degré les augustes personnages qui les manifestent, et la mémoire de madame Parquin qui a su les inspirer pendant sa vie.

LETTRE

DE LA REINE HORTENSE A M. CHARLES PARQUIN.

Genève, le 13 mai 1835.

« Mon cher monsieur Parquin, j'apprends avec le plus vif chagrin la mort de votre pauvre Louise ; vous devez penser que je la regrette bien sincèrement. C'est avec elle que j'ai quitté la France, et son attachement a toujours été pour moi une consolation ; c'est sur sa fille, comme je le lui ai promis, que je reporterai les sentiments que je lui avais voués. J'espère que vous avez du courage pour supporter cette cruelle perte, et que la pauvre petite Claire se porte bien. Il me tarde de la revoir. Dites-lui bien qu'elle peut compter sur moi. Je savais Louise malade ; mais j'étais loin de m'attendre à cette fin subite, et je comptais hâter mon retour pour la retrouver, dans la crainte qu'elle n'eût besoin de M. Conneau (1) ; il avait déjà retenu sa place, et partait pour lui porter ses soins, lorsque cette triste nouvelle m'est arrivée ; aussi j'ai doublement regretté mon éloignement. Je compte retourner incessamment à Arrenberg ; je serai bien affligée de vous revoir seul, sans votre excellente femme ; mais je serai bien aise aussi de vous porter quelques consolations, et de vous assurer de mes sentiments.

(1) Médecin de la reine.

« Louis veut vous écrire ; il sent comme moi que nous venons de perdre une vieille amie, et que cela ne se retrouve pas.

« J'embrasse Claire.

« HORTENSE. »

LETTRE DE NAPOLÉON-LOUIS BONAPARTE.

Genève, 14 mai 1835.

« Mon cher monsieur Parquin,

« Vous ne pouvez douter de la vive douleur que nous avons ressentie en apprenant la terrible nouvelle de la mort de votre excellente femme. Ma mère en a été bien affectée, car elle perd en elle une amie d'enfance ; mais je ne veux pas accroître votre chagrin en vous parlant du nôtre ; je veux, au contraire, tâcher de vous donner quelques consolations en vous renouvelant l'expression de mon amitié, sur laquelle vous pouvez compter ; et en vous assurant du vif intérêt que ma mère vous porte, ainsi qu'à votre pauvre petite Claire, qui doit être bien malheureuse.

« Malgré la triste prévision des médecins, nous espérions bien retrouver encore madame Parquin ; mais, hélas ! sa vie était tellement empoisonnée par ses douleurs que c'est pour elle un bienfait du ciel que d'avoir mis un terme à ses souffrances.

« Je regrette vivement de n'avoir pas été à Arrenberg pendant ces tristes moments, afin de vous prodiguer toutes les consolations que, en pareil cas, l'amitié seule peut offrir; mais bientôt nous nous reverrons, et je me flatte de pouvoir, par ma sympathie et par la conformité de mes regrets, adoucir un peu vos douleurs.

« Embrassez bien tendrement Claire de ma part, et croyez à mon amitié.

« Napoléon-Louis Bonaparte. »

FIN

ACHEVÉ D'IMPRIMER
LE 15 AVRIL 1926
PAR EMMANUEL GREVIN
A LAGNY-SUR-MARNE

www.ingramcontent.com/pod-product-compliance
Lightning Source LLC
Chambersburg PA
CBHW070751170426
43200CB00007B/738